# バウムテスト入門

臨床に活かす「木の絵」の読み方

岸本寛史
Kishimoto Norifumi

誠信書房

バウムテスト入門——臨床に活かす「木の絵」の読み方　目次

# 第1章　バウムテストの実施法

## 1　木の絵を描くこと

バウムBaumとはドイツ語で「木」を意味する言葉であり、バウムテストとは、一枚の紙に「(実のなる)木の絵」を描いてもらうという簡単な方法であるが、ただ木の絵を描いてもらうだけで、コミュニケーションのモードが変わり、さまざまな語りが誘発されたり、思いがけない姿を見せていただいて驚かされたり、ということをしばしば経験した。

筆者はかつて、血液内科で白血病や悪性リンパ腫といった血液のがんの患者の治療を行っていた。その際、快活でしっかりしているように見える方でも、木の絵を描いてもらうと、今にも倒れそうだったり、葉っぱが全部落ちた無防備な木であったり、言葉や外見だけでは想像もつかない姿がヴィジュアルに伝わってきて、深く心を動かされた。

図 1-1

たとえば、図1－1は、急性リンパ性白血病で抗がん剤治療の四〇代後半の女性が描かれたバウム（バウムテストで描かれた木のことを、以後、バウムと呼ぶことにする）である。彼女は、三度目の入院で、今回は再発のために入院され、病状は厳しくなっていたが、私や看護師が病室に行くと、いつも冗談を言って笑わせてくれた。だから、医療スタッフにとっては癒しの人だった。ところが、彼女にバウムを描いてもらったところ、その朗らかな外観とは異なる、守りの薄い姿が視覚的に伝わってきて、何とも言えない気持ちになった。幹線も途切れ途切れで弱々しく、根元はむき出しで無防備となった木の姿から、

この絵を見て以降、私は、彼女が冗談を言っても、単純に笑ってすませる気持ちにはなれず、しばしその場に佇んで沈黙の時を過ごすということがしばらく続いた。そうすると、彼女は、私の顔を見るとなぜかわからないが涙が出てくる、と言って、泣かれるようになった。しばらくそんなことが続いたが、徐々に、自分が若かった時の話や、まだ学校に通っている子どもさんを心配に思っておられ

ることなどが語られるようになった。彼女は残念ながらその三か月後に亡くなられたが、もしバウムを描いてもらうことがなかったら、一見朗らかな表情の背後にある悲しみや辛さを聞くことはできなかったのではないか、という気がする。

その反対に、突然の発病に呆然自失しているように見える方でも、木の絵を描いてもらうと、非常にしっかりとしたタッチでエネルギーが溢れてくるような絵を描かれたり、木の枝から差し込んでくる一条の光が印象的に描かれたりして、これらのイメージが医療を行う上で筆者自身の支えとなった（そしておそらくは患者自身にとっても支えとなった）ということも少なからず経験した。

絵を描くことは嫌いな私が、一冊の書物を著そうと思うほどバウムテストに魅せられるようになったのは、臨床経験を重ねる中で、バウムテストが持つ治療的な力をしばしば実感したからである。そして、本書で最も強調したいと思っているのが、バウムテストに秘められた、この治療的な力なのである。

ところで、私がバウムテストに最初に出会ったのは、山中康裕の講義を聞いた時であった[(1)]。その講義で示された絵画療法の事例は、原因不明の蕁麻疹に悩んでいたのが、絵を描きながらどんどん変わっていかれ、節目節目で生じる共時的な出来事が転機となって治っていかれた。当時私は医学生

（1）当時は京都大学教育学部助教授。現在は京都ヘルメス研究所長、京都大学名誉教授。

だったが、医学部で教えられる治療といえば、手術や薬物療法に関する教科書的な知識がほとんどで、医学的治療における人と人の生きた交流についてはまったくといっていいほど取り上げられていなかったので、山中の講義には強いインパクトを受け、バウムテストという方法があることも強く印象に残った。

## 2　準備するもの

医師になって最初の頃は、山中のほとんど見よう見まねで、「実のなる木の絵を描いてもらえませんか」と頼んでいた。最初の頃は、描いてもらいたい、あるいは描いてもらえそう、と思った時に、あるいは、言葉でのやり取りに行き詰まりを感じた時に、白衣のポケットに忍ばせていたメモ用紙を取り出して描いてもらったり、紙を取りに行って来るから待っていて、と頼んで、慌てて取ってきた用紙に描いてもらったりもした。用紙のサイズもまちまちだったし、患者が用紙も自分で用意するといえばそれに任せた。ある時は鉛筆で、またある時はシャープペンやボールペンで描いてもらうなど、筆記具も統一していなかった。

これは、私が山中の事例に強く影響を受け、バウムテストをテストとしてではなく、一つの表現法、コミュニケーションの媒体として位置づけていたことに由来する。とはいえ、このやり方はある程度有効ではあるが、その後経験を重ねるにつれ、バウムテストを真に治療的な方法にしたいと思うのであれば、これだけでは不十分であると認識するようになった(2)。相手に合わせて柔軟にやり方を変えていくだけでなく、それと同時に、後述の標準的な方法を身につけ、その経験を重ねておくことも必要だと感じるようになったのである。

筆者は後に四年半ほどの間、心療内科で診療に携わることになった。その際、初診は一時間、二回目以降は一回三〇分という、枠を明確に設定した診療を行い、初診で可能な限りバウムテストを描いてもらっていた。この時は標準的なやり方でバウムテストを施行したが、この経験を通して、さらには、ある程度の数の被験者を対象とする研究を重ねる中で、それまでは見えなかった側面が視界に入ってくるようになった。臨機応変に方法を変える柔軟さと、標準的なやり方で培った堅実さの両方を兼ね備えておくことが、バウムテストの深化には不可欠である、と今は思う。本書では主に、標準的なやり方について述べることにする。

バウムテストを行うにあたって用意するものは、紙と鉛筆（と消しゴム）である。用紙の大きさについては、バウムテストを提唱したコッホ（Koch, 1957/2010）は、「白く、あまりツルツルしていな

（2）ただし、山中は最初からバウムテストの治療の媒体としての側面とテスト的側面の両方を見据えて実践も研究も行っていた。実際にバウムをやり始めた頃の筆者は、前者に強いインパクトを受け、後者があまり見えていなかった。

い、標準規格のA4判二一〇mm×二九七mmの紙」(一四八ページ)としている。わが国でも、A4判の大きさが標準的である。(3) 用紙は絵が書き込まれる描画空間を規定するので、あまり大きすぎても小さすぎても描きにくく、この点でA4判は適切な大きさといえる。自我のエネルギー水準が低下していてA4判では大きすぎると感じる場合には小さいサイズの用紙を使ってもよいかもしれない。

用紙の種類としては、わが国ではケント紙が推奨されることが多い。ケント紙は比較的厚手で、消しゴムで消しても毛羽立たないが、鉛筆で書きやすいような、いくぶんざらついた面をもつ上質の図画用紙である。薄いコピー用紙などが用いられることもある。それも悪くないが、あまり薄い用紙では描き手に安定した土台を提供できないという面もあるので、ある程度の固さがある方がよいかもしれない。用紙は縦向きに差し出すが、横向きにして描いてもかまわない。(4)

コッホは「中軟質から軟質の固さの鉛筆」を勧めており、わが国では4Bの鉛筆が推奨されている。柔らかい鉛筆の方が描きやすく、また描かれた描線に筆致が反映されやすいので、予め用意しておくとよい。また消しゴムも使用してよいので用意をしておく。状況に応じて、サインペンやボールペンなどで描いてもらう場合もあるし、最初からクレヨンを使って描いてもらう方法(水口、二〇〇二)もあるが、柔らかめの鉛筆で描いてもらうのが標準であることをおさえておく。なお、バウムテストのさまざまな施行法については、佐渡らのレビュー(佐渡・別府、二〇一一)で詳しく検討されている。

## 3　教示と描画プロセス

### ■教　示

バウムテストを導入するにあたっては、「実のなる木を描いてください」、「実のなる木を一本描いてください」、「木の絵を描いてください」、「一本の木を描いてください」、「一本の木をできるだけ丁寧に描いてください」など、さまざまな教示が用いられている（津田、一九九二。中島、二〇〇二）。主な違いは、「一本の」という修飾語を入れるか入れないか、「実のなる」という修飾語を入れるか入れないかにある。

私は、山中に倣って「実のなる木を描いてください」という教示を使ってきた。これに対し、高橋・高橋（一九八六）は「上手下手は関係ないのでできるだけ気楽に」、しかし「できるだけ丁寧に描いてください」との前置きをした上で、「木を一本描いてください」との教示を用いている。その理由

（3）　用紙の大きさがバウムの表現に及ぼす影響については佐渡・松本（二〇一三）が検討しているが、A4判とB5判との比較では用紙の大きさの影響を受けないとの結果であった。

（4）　用紙の向きがバウムの表現に及ぼす影響についても同じく佐渡・松本（二〇一三）が検討しており、用紙が縦向きに比べ横向きの描画では、幹の太さは変わらないが、樹冠部は横に広がるという結果であった。

として、①投映法として「木」を描く場合、特定の条件を規定しない方が自由度が高く、ことさら教示しなくて自発的に「実」を描くことが、パーソナリティの特徴を表すことと、②日本とヨーロッパの人々のObstbaum（fruit tree）のイメージが異なること、が挙げられている。また、村瀬・斎藤（二〇一〇）は、「一般に『実のなる木』という条件を入れることになっているが、中井久夫は『まだ〈実りのない〉時期に〈実〉の画を求めるのは過酷であって治療的でない』（二〇〇〇）と指摘しており、筆者等の臨床経験でも同感である」と述べている。

それも一理あると思うが、「実のなる木を描いてください」と頼むと、「実ですか！」と、「実」という言葉に反応されたり驚かれたりして、沈んだ心を少し動かしてくれるほどよい刺激となることもしばしば経験してきたので、私は好んで「実のなる木を描いてください」という教示を用いてきた。ただし、容易に予想されるように、「実のなる木」と教示する方が、「実」が描かれる割合は高くなり、その意味するところも「一本の木」と教示する場合とは異なってくる（大辻ら、二〇〇三）。描き手の心性を考慮に入れながら、自分にしっくりくる教示を選べばよいというのが筆者の意見だが、いずれの場合も、特に「実」の解釈にあたっては、どのような教示がなされたかを踏まえて解釈すべきであることは強調しておきたい。

ちなみに、コッホ（Koch, 1957/2010）は第三版のテキストでは「果物の木をできるだけ上手に描いてください」（一四七ページ）との教示を採用している。初版（Koch, 1949）には、最初は「木を描いてください」というだけであったが，この教示では表現があまりに多様になって「方法論として磨きをかけること」も「表現の学問的調査を体系的に行うこと」も難しいと考え，次の三つの教示を検討した。

a　広葉樹(5)を描いてください。
b　一本の木を描いてください。ただしモミの木以外の木でお願いします。
c　一本の果物の木を描いてください。

そして，「非常にたくさんの実験を行った後で，最後の「一本の果物の木を描いてください」という教示に落ち着いた」とコッホは述べている。したがって，コッホの原法（主として第三版で増補された発達調査に用いられた教示）は「果物の木」と教示されていたことを銘記しておかねばならない。(6)

---

(5)「広葉樹」の原語は Laubbaum（Laun（葉）＋Baum（木））であり，発達研究における子ども向けの教示として用いられたことを考えると「葉っぱのある木」と訳す方がよいかもしれない。
(6) コッホは発達研究で一人に二回施行しており，一枚目の教示は「果物の木（Obstbaum）を一本描いてください。紙面全体を使ってもいいです」。二枚目の木については「最初のとは別の木を描いてください。ただし，最初に枝のない球形樹冠を描いた人は，枝のある樹冠も描いてください」と教示している。

## ■描画プロセス

研究として集団で実施する場合は、描かれるプロセスに目を配ることは難しいが、心理アセスメントとして個別に行う場合、あるいは心理療法などの治療の中で描いてもらう場合には、描かれるプロセスを描き手の邪魔にならない程度に観察して、描かれる順番や描線の運び、形態などから受ける印象も併せて記録に残しておくことが望ましい。

コッホ（Koch, 1957/2010）も「絵が描かれるプロセスを目立たないように観察し、描画に要したおおよその時間をメモしておく方がよいことが多い」（一四八ページ）としている。同じ形であったとしても、幹から描かれる場合と、樹冠から描かれる場合は解釈が異なってくる。描線の引き方一つにもその人らしさが現れる。とはいえ、描いている最中に記録をとるのは描き手にさまざまな影響を与える可能性もあるので筆者は勧めない。描画に要した時間については、何分とか、時計ではかれる時間にのみ目を奪われるのではなく、じっくり描かれていた、さっと描かれたなど、その場に居合わせたテスター／治療者の心の中で感じられた時間の流れを書き留めておく方が大切だと筆者は考える。

セッションが終わってから記憶に基づいて、描かれた順番や受けた印象、さらには描きながら語られた言葉などを記録に残しておく。なお、バウムを描き始める個所については、佐渡ら（二〇一二）が検討しており、それによると、描き始めの場所は、幹が七五％、樹冠が一五％、その他稀ではあるが、枝、実、根、地平などから描き始める場合も認められた。

## 4　描画後の質問

描き終わった後に、いくつか質問をするのが慣用となっている。これを「描画後の質問（post-drawing inquiry, PDI）」と呼ぶが、これも標準化されていない。筆者は「木の種類は何ですか？」、「木の高さはどれくらいですか？」、「樹齢はどのくらいですか？」という三つの質問をすることが多い。

木の種類は特にイメージしていない場合には無理に樹種を聞き出さなくてもよい。木の高さを尋ねると、「高い木です」とか「低い木です」といった答えが返ってくることもよくあるが、「高い」といっても人によってイメージはさまざまなので、具体的に尋ねてみる。すると、「五メートル」という人もあれば、「一〇階建てのビルくらいの高さ」と答える人もあり、反対に「二メートル」という人さえある。その人にとっては、「二メートル」でも高いのだ。言葉だけで「辛い」「しんどい」などと言われるのを聞いていると、わかったつもりになりやすいが、実際には言葉に込められた意味は人によって異なるので、言葉のやり取りだけではずれが生じやすい。そんなふうに、この「高さ」に関するやり取りを例として取り上げながら話し合うということもよく行った。あと、同じ詳細を尋ねるにしても、たとえばトラウマのような辛い体験を細かいところまで聞くことは侵襲的になり得るが、木の高さのイメージを細部まで聞くことはさほど侵襲的にはならないので、安全に細かいところまで聞けるのがよい。

これらのやり取りを通して、「言葉で『高い』と表現しても、そこに込められるイメージは人によって異なり、お話を聞いてこちらが思い浮かべるイメージと、おっしゃりたいイメージとがずれていることもよくあります。だから、これからも、この木のイメージを思い浮かべながらお話を聞かせてもらおうと思います」と、言語表現に伴うずれの危険性に焦点を当てた説明を加えることも多い。

他のPDIとして、「木の周りの風景を教えてください」、「その木はどこに立っていますか」、「その木はこれからどうなると思いますか」など、さまざまな質問がある。被験者の負担や侵襲性を考えると、PDIは三つくらいに収めるのが一つの目安ではないかと思う。また、被験者によって質問を変えすぎると、比較による検討が難しくなるので、ある程度決めておく方がよいだろう。

PDIとは別に、描かれた表現を見て、気になるところが出てきた場合、たとえば幹の表面に筋が何本も引かれているのを見て、これは傷だろうか、模様だろうか、と迷う場合、この筋はどんな感じで描かれたのでしょうか、傷ですか、模様ですか、と尋ねておくとよい。そうすることで、独りよがりの解釈に陥ることを避けることができるし、描き手が思い描いたイメージに即して理解することが可能となる。模様のつもりで描いたのに、傷と捉えて、トラウマの表れでないかと解釈してしまうような場合には、行き過ぎた解釈となる。あるいは、枝が妙な形で描かれていて気になる場合、ここはどんな感じで描かれたか教えてもらえますか？　と率直に尋ねておくとよい。相手の様子から尋ねることさえためらわれる場合には、さまざまな可能性を考慮に入れることとして、断定的な解釈は避けた方がよい。描かれた表現を描き手と一緒に言葉で確認していくことは、後に述べる「解釈の共創造」（三七ページ参照）につながる大切な作業である。

## 5　バウムテストを導入するタイミング

調査研究で行う場合や医師からの指示をうけて心理テストとして行う場合は別だが、心理療法の流れの中でバウムテストを行う時には、いつバウムテストを行うかに迷うこともあるだろう。私が主治医としてがん患者の治療を行う中でバウムテストを行う場合には、治療の流れの中で、治療の比較的初期で体調がある程度落ち着いており、言葉以外の表現を助けにしたいと感じた時、検査結果や症状の話ばかりで治療者の方が行き詰まりを感じたり少し新しい風を入れたいと感じた時、単純素朴にこちらが描いてもらいたいと思った時などに描いてもらうことが多かった。一方、心療内科の外来で治療構造を明確にした面接を行っていた時には、可能な限り初診の段階で描いてもらっていた。

バウムテストなどの描画法を取り入れるにあたっては、十分な治療関係ができてから導入するのがよいとする意見もある。しかし筆者は、バウムを描いてもらうことで治療関係が促進されるということもしばしば体験した。山中はかねてより、初心者ほど初回にバウムを描いてもらうのがよいと繰返していた。それは、言葉とか外見だけで判断するよりも、バウムのイメージも一緒に心の中に温めておく方が、より慎重な配慮が可能となるからである。「クライエントの弱さがどこにあるか、どこに留意せねばならぬのかの判断のメルクマール（指標）を持たないままにクライエントにあっていく方こそ、危険である」（山中・岸本、二〇一一）。

とはいえ、描かれたバウムに圧倒されて治療者の心に収まりがつかなくなると、描いてもらったことでかえって治療関係の形成が阻害されてしまうという危険もないわけではない。描かれたバウムを心にいかに収めるか、治療者の力量が問われる部分であると思う。それでも、バウムテストが、後に述べるように、コミュニケーションの新たな窓を開いてくれる力があることを考えると、筆者としては治療の早い段階で描いてもらってもよいと思う。

その後は、治療の節目や、定期検査や検診をするくらいの間隔で描いてもらうのは悪くない。筆者は、初回に描いてもらった時の様子から、描くことがかなり負担になるようであれば、敢えて勧めないことも多かったが、これは筆者自身が描くことに苦手意識があり、絵を描くことが負担であるという心性に自然と共感する傾向があるからかもしれない。描くことがさほど負担でなさそうであれば、節目節目で描いてもらうと、治療の流れを視覚的に捉えたり、留意点に気づかされたり、新たな展開の契機となったりすることも少なくないので、二度目、三度目をお願いしてもよいだろう。

一度目は描かれても二度目は描くのを拒まれることもある。その拒否は関係性がうまく築かれていない場合もあるが、むしろ、関係性が築かれて拒否しても大丈夫と感じられたことの表れであったり、拒否する力が育ったことの表れであったりすることもある。いずれにせよ、描かれないことにも意味がある。山中は治療の終結期にも、今後の見通しを得るためにバウムを描いてもらうことが多いという。筆者も、いつもというわけではないが、終結時にお願いすることはときどきあった。

# 第2章　解釈の前に

## 1　責任感

こうしてバウムを描いてもらったら、いよいよ解釈へと進むことになるが、解釈に臨む前に考えておくべき、いくつかの点について、述べておきたい。バウムテストを体系化したコッホ（Koch, 1957/2010）を参照しながら論じることにする。

まず強調しておきたいのが責任感である。バウムテストを行うことで被験者を傷つける、さらには、誤った解釈によって被験者に無用な偏見を植え付ける、といったことは避けねばならない。

個人的なことで恐縮だが、私は絵を描くのが嫌いであった。小学校一年か二年の夏休み明けのある日、担任の先生が、何人かの生徒（私もその一人に選ばれた）をピックアップして教壇にあった比較的大きなテーブルのところに呼び寄せた。そこには、夏休みの宿題の押し花が数冊の冊子にまとめられた押し花集が何冊かおかれていて、その表紙の絵を描くようにと言われた。私はどこかで見た洋風の絵の額縁が浮かんできたので、そのデザインを一生懸命描いたつもりであった。

選ばれた生徒の中でも最後になったが、ようやく完成して先生のところに持っていくと、先生の顔色がさっと変わり、それを皆に見せながら一言、「皆さん、これが押し花集の表紙にするような絵だと思いますか」と言われた。先生は怒っているようであり、私はうちひしがれ、以来、絵を描く時には人にどう見られるかということが極端に気になるようになった。図画工作の時間は苦痛以外の何ものでもなくなった。私はこのエピソードを今なお絵が苦手であることの言い訳にさせてもらっている。

今振り返ってみると、善意に解釈すれば、担任の先生は、私がふざけて描いたと受けとられ、まじめに描くようにと叱責されたのではないかと思う。そうでも考えなければ、あんなふうに言われた理由が思い浮かばない。それでも、私としては懸命に描いたのであり、その気持ちが汲まれなかったので、絵を描くことが重荷となった。このように、描かれた絵の受け取り方によっては、描き手の心に深い傷を残すことになりかねない。

だから、コッホの以下に引用する記述に出会った時、コッホが何よりもまず、描き手のことを慮り、描き手を傷つけないことを最優先としているとわかり、とても嬉しく思った。これはテスターもしくはセラピストの責任感の問題といえる。

調査されている者に対して、変質的かもしれないといえるのは、大ばか者くらいである。そんなことを言われたら、実際には全くそんなはずがなくても、自分が劣った人間かもしれないという考えから抜けられなくなってしまう。事実、有能な人でも、変質的なサインが見られることがあるということは、周知のことである。にもかかわらず、そのサインが見られれば、それに相当するような身体的心理的な状態が生じているものと思われてしまう。それは、障害〔脆さ・虚弱〕を示すものではない。(Koch, 1957/2010)（一四一―一四二ページ）

「変質」は、一九世紀にモレルが提唱した概念で、不可逆性に神経が損傷を受けてその損傷が蓄積し、最終的には精神病や人格崩壊に至るとされた重い概念であり、犯罪者の中には「変質兆候」が見られるとの議論があった。そういう中で、バウムテストにおいては、「くらげのような形の枝、くらげのようにグニャグニャした描線、くらげのようにブヨブヨした丸い枝先」（一四一ページ）などは、経験的に「変質的な外観」をしているため、これらは「変質兆候」と呼ばれるようになった。しかし、コッホはこれに対して、声を大にして異を唱えている。そのような兆候が見られるからと言って、描いた者が「変質的かもしれない」などといってしまうのは、「大ばか者だ」と言っているのである。これは単に倫理的にそういうことを言ってはならないというだけでなく、コッホは催眠実験をもとに、いわゆる「変質兆候」と呼ばれている兆候が、健常者でも「特定の疲労とそこから生じる〔意識の〕弛緩と関係している」ことを見出していたので、今風《いまふう》に言えば「科学的な根拠」と確信を持って、そんなことを言ってはならないと断言したのである。

後に指標アプローチのところ（第4章、第5章）で論じるが、単一の指標で鑑別診断をすることはほとんど不可能であると筆者は考える。実際、佐渡の検討（未公刊）によると、単一の指標で鑑別診断が可能であることを、厳密に実証した研究も、レビューした結果もなかった。ある指標が特定の臨床群に多いことを示した研究はあるが、「ある臨床群に多い指標」という結果を、「それらの指標は鑑別力を有する」とすり替えて論じている報告が多い。後に検討する（第5章）が、ある臨床群に多く認められたからといって、その指標が鑑別能力を持つとは言えないのである。

したがって、バウムの解釈にあたっては、この辺りの限界をよく弁えた上で、被験者にとって不利益となることがないように留意しなければならない。バウムの唯一の正しい解釈というのはない。しかし、「誤った解釈」は間違いなく存在する。コッホも『バウムテスト第三版』の序文で「この領域ではしばしば証明されていること以上のことが主張されている」と憤りを持って述べている。いわゆる「変質兆候」が見られるからといって、被験者が変質であるかもしれない、と言ってしまうのは、誤った解釈だ。これには、上記のごとく、「科学的な根拠」がある。

繰り返すが、唯一の正しい解釈というのはないが、誤った解釈は存在するのである。特に指標アプローチにおいては誤りが生じやすい（この点については後述）。誤った解釈によって、描き手を傷つけることがないように最大限の努力をすべきである。本章の冒頭で「誤った解釈によって被験者に無用な偏見を植え付ける、といったことは避けるべき」、と述べたのは、このような理由による。

バウムテストは簡単に施行できるので、手軽に導入されるが、その解釈は難しく、「テストで得られた徴候と解釈の間の懸隔、さらに人格イメージまでの懸隔は、才能や経験にも左右される」（Koch, 1957/2010）（一四九ページ）。しかし最終的には、才能や経験以上に「責任感によるところが大きい」（一四九ページ）とコッホは述べている。この言葉を肝に銘じておきたい。

## 2　イメージを温める

次に強調しておきたいのが、イメージを温めるという姿勢についてである。ある急性白血病の一八歳の男性が描いてくれたバウムには、豊かに分枝する枝の間から差し込む一条の光が描かれていた。このイメージは強い印象を私に残し、一年近くに及んだ彼の治療のあいだ中、繰り返し私の念頭に浮かんできた。治療経過の中で、彼は三回ほど命が危うい状態となったが、そのたびにこの光のイメージが浮かんできて、私の支えとなった。彼は見事に病を克服した。

このように、筆者としては、描かれたバウムをすぐに解釈するというよりは、バウムのイメージを抱きながら治療を行うということが多かった。しかし、当時（一九九〇年代）、バウムテストに関する成書を見ても、イメージを治療者の中で把持しておくことの重要性について言及しているものは見当たらなかった。だから、二〇〇三年頃にコッホの『バウムテスト第三版』のドイツ語原著を読み始め、次の記述と出会った時、強力な味方を得た思いがした。

たくさんのバウムの絵を静かに眺めていると、バウムとの〔心的な〕距離が近くなる。次第に、その本質が見えるようになるが、それは依然として直観のようなものである。構造が明確に見えるようになり、識別が可能となり、指標を弁別できるようになる。それとともに、筆相学や表現の科学全般との類似性が現れ、それと関連させることはできるが、同時に再考が求められる。当初はわからない部分をそのまま持ちつづけ、どう理解したらいいかという問いを、何日も、何週も、何カ月も、何年も、見え方の成熟過程がある地点に達するまで、問い続けていると、秘密に関わる何かが自然と姿をあらわしてくる。それもしばしば、稲妻に打たれたかのようにひらめいたり湧き出てくるので、要点を外さない限り、成果を拾い集め仕分けすることが可能となる。（Koch, 1957/2010）（二〇ページ）

このように、コッホは、バウムを解釈するに際して、まず描かれたバウムをじっくりと、細かいところまではっきりと見えるようになるくらいじっくりと、眺めることが必要だと述べている。そうして細部が見えるようになってきたら、指標が弁別できるようになる。しかし、それが何を意味するかが腑に落ちる形でわかるためには、何か月も何年も、稲妻がひらめくかのように、ああ、そうなのだ、とわかるまで問い続けなければならないというのである。

精神科医から心理テストの所見を求められる現場で、そんな悠長なことは言っていられないとの声も聞こえてきそうだが、そこは先に述べた責任感の問題と関わってくる。いくつかの目につく指標を元に、問題のある林らの訳本[7]（Koch, 1949/1970）を参照して所見をまとめるというようなやり方では（そのようなやり方が過去に行われていたと聞くことが稀ならずあった）、被験者を無用に傷つけるようなことになりかねない。そのような形で解釈がなされるのであれば、テストをやる意味は無いし、むしろやらない方がよい。それは、「勇気と軽率をはき違えている」（Koch, 1954/2010）（ｖページ）。

コッホ（Koch, 1954/2010）は同じく第二版の序の中で、「心理テスト、特にバウムテストについては、ある程度使いこなせるようになるのに、一年では足りないくらいの真剣な努力と訓練とが必要であるということを知らない」（ｖページ）と戒めている。描かれたイメージを懐に抱きながら、わからない部分を何か月も何年も問い続けるという姿勢を持てない者は、バウムテストを行う資格はない。このようにイメージをインキュベーションすることの重要性を述べたすぐ後で、コッホ（Koch,

（7）　この点については第4章第4節、第5章第1節を参照されたい。

1957/2010）は、「診断を行うものには、その力のやりくりが求められる。方法論は労力と時間を節約する」（二一一ページ）と、それと一見矛盾するようなことを述べている。ここでいう「方法論」とは、指標に基づく解釈のことを指していると思われるが、方法論は、イメージをインキュベートするという基本姿勢があればこそ、生きてくる。だからこそ、「方法論に基づいた作業が直感を呼び起こす」（二一一ページ）ということにもなる。方法論から出発するのではなく、イメージを孵化するという姿勢を出発点に置くことが、バウム解釈の第一歩であると筆者は考える。

## 3 スケッチ・スキル

イメージを温めると言っても、具体的にどのようにすればよいだろうか。描かれた絵をじっと見つめ、細部に至るまで心に刻みこむ、ということを繰り返していくのも一つの方法であろう。哲学者井筒俊彦は、父から独特の内観法を無理やり教えこまれたという。その方法とは、

先ず、墨痕淋漓《ぼっこんりんり》たる『心』の一字を書き与え、一定の時間を限って来る日も来る日もそれを凝視させ、やがて機熟すと見るやその紙片を破棄し、「紙上に書かれた文字ではなく汝の心中に書かれた文字を視よ、二十四時の間一瞬も休みなくそれを凝視して念慮の散乱を一点に集定せよ」と命じ、更に時を経

て、「汝の心中に書かれた文字をも剰《あま》すところなく掃蕩《そうとう》し尽くせ。『心』の文字ではなく文字の背後に汝自身の生きる『心』を見よ」と命じ、なお一歩進めると「汝の心をも見るな、内外一切の錯乱を去ってひたすら無に帰没せよ。無に入って無をも見るな」。（井筒、一九七八／二〇一三）

というものであった。この『心』の文字をバウムのイメージに置き換え、来る日も来る日もバウムのイメージを凝視し、さらには実際のバウムを見なくとも、そのイメージを心中にありありと描けるようにしていく……といった方法が一つの可能性として思い浮かぶ。

これは一つの極端だとしても、イメージを温めるという言葉から思い描くのは、概ねこれに近い方法ではないかと思う。しかし、このやり方には一つの盲点がある。というのも、この方法は、描かれたイメージを一つの完成された表現として受け取ることになりがちだからである。描き手の心性は、出来上がった絵のみならず、描かれるプロセスにもそれと同じくらい、いやそれ以上に、よく現れる。「表現とは、描画に何が描かれているかということよりも、描画がどのように描かれているかということと関係がある」（Koch, 1957/2010）（四一ページ）とコッホが記しているとおりである。

先にも述べたが、同じような形態であっても、枝から描かれるのと、樹冠から描かれるのと、幹から描かれるのとでは違う。幹線ひとつ取り上げても、上から描かれるのと、下から描かれるのとでは違う。だからこそ、第一章で述べたように、「描かれるプロセスを描き手の邪魔にならない程度に観察」することが必要になってくる。
それでは、プロセスも込みにしてイメージを温めるにはどのようにすればよいか。筆者は、模写することを勧めたい。できれば被験者が描いた順に、描線の動きも再現するかのように、模写するのである。そうすると、全体を眺めていた時には漠然としか見えていなかった細部が、ありありと見えるようになる。描線をなぞるうちにいろいろな思いが浮かんでくることもあるだろう。これまで、バウムテストに関する書籍や論文で、解釈の基盤としての模写の重要性について述べたものと出会ったことはなかった。コッホも模写については述べていない。しかし、やはり絵を「読む」ことを中心に据える「美術史」の領域では、模写は基本中の基本的スキルとされている。それが「スケッチ・スキル」である。

美術史とは視覚情報を分析対象とするので、まずはヴィジュアル・イメージを扱うことに慣れないといけません。方法はごく単純で、ある作品の写真か実物を見ながら、それをノートにスケッチするだけです。(池上、二〇一二)

ただし、美術史では膨大な量のイメージを対象とするので、ごく短時間で小さな略図に直し、色などの特徴的な情報をなるべく多くつめこむようにするという。これに対し、バウムの場合、それだけでなく、時間をかけて丁寧に描かれた軌跡をたどりながら模写していくことも必要である。最近は、デジカメやスキャナなど、イメージを保存する技術が手軽に利用できる。しかしながら、池上は「スケッチ・スキルを一切用いようとしないのは率直にいってお勧めしません」と述べている。それは、「スケッチ・スキルの訓練をしたことのある人や日常的に用いている人は、ある視覚情報を、自分にとって有益な形式に変換することが瞬時にできるようになるから」だという。まったく同じことがバウムについても言える。普段から、描かれたバウムの軌跡をなぞり、模写する訓練を重ねていると、絵の細部まで見えるようになる。

描かれるプロセスを見ていない場合、描き順についての情報は得られないが、それでもプロセスに迫る手がかりは残されている。描線の筆致から、描かれる様子を多少なりとも推測するのである。コッホが『バウムテスト初版』の序文で、「この方法に磨きをかけるには、表現の科学の、とりわけ、筆相学の、基礎が不可欠である」（Koch, 1949）と述べているのも、このあたりと関係しているのではないかと筆者は考えている。

バウムテストで描かれる木の絵は、「一瞥して全体を把握できるもの」ではなく、「苦労して歩きまわって初めて見えてくるもの」である（Ingold, 2007/2014）。これはもともと、物語やテクストが中世の思想家たちにとってどのように見えていたかを考察する中で述べられたインゴルドの言葉であるが、バウムについてもそのまま当てはまると思う。いずれにせよ、バウムの解釈を行う前に、バウムを模写してイメージを温めておくことが下準備となることを強調しておきたい。

## 4 ディスクリプション・スキル

次のステップとして、イメージを温めたあとで、あるいは温めながら、絵を言葉にしていくことが必要である。池上（二〇一二）は、絵を「読む」前に、二つだけ手に入れておくべきツールがあるという。一つが先に述べた「スケッチ・スキル」であり、もう一つがこれから述べようとする「ディスクリプション・スキル」である。これらはバウムを読み解く上でも同じく必要なツールとなる。

筆者は、コッホの『バウムテスト第三版』の翻訳を進めるために、バウムの研究会を始め、また臨床心理士の研修会や学会などでバウムテストの研修やワークショップを行う機会も徐々に増えた。そんな中、コッホが解釈に臨むときの基本的なスタンスを伝えられる良い方法がないかと思案するうちに、参加者に二人一組になってもらい、それぞれに違うバウムのサンプルを配り、相手に手振りや図を使わずに文章だけで説明して、その文章を頼りにサンプルの絵を描いてもらうというやり方を思いついた。元の絵に近ければ近いほどよいのであるが、これはやってみると好評で、絵の細部にまで目が届くようになると同時に、絵を言葉で表す良い訓練になることがわかった。自分としては丁寧に言葉にしたつもりでも、ある部分の情報がまったく欠落していたり、自分が当然と思っていることが相手に伝わらなかったりするので，絵を言葉にすることの難しさを実感できる。よい方法を見つけたと少し得意になっていたが，後に池上の著書を読み，この方法は美術史の領域ではディスクリプション・スキルと呼ばれる基本的なツールの一つであることがわかり，自分の無知を恥じることになった。それはともあれ，絵を丁寧に言葉にしていくというのはバウムテスト解釈のもう一つの出発点である。この点についても，すでにコッホが述べている。

「それは何を意味するのか」という問いがくる。今一度いえば，その外観は何を意味し，次いで，あれこれの指標は何を意味するのか。現象学的に言えば，その答えは，バウムの絵それ自身の本性から生じるものでなければならない。たとえば，円という形は，境界で囲われ，閉じていて，周囲から分離したもの，と自然に記述されるだろう。（Koch, 1957/2010）（二〇ページ）

一言で言うなら，優れた記述はそのまま優れた解釈になる，というのがコッホの考えであり，筆者が強く影響を受けてきた山中のスタンスも同じである。それは，指標の意味を寄せ集めて無理やりつなぎあわせようとするのではなく，イメージを温めるうちに，あるいはなぞるうちに，自然と浮かんでくることを言葉にしていくというスタンスである。

このようなやり方を基本に据えるなら，バウムの解釈は，宙に浮いた場当たり的なものではなく，地に足のついた、腑に落ちるものとなるだろう。記述については第3章でもう少し詳しく触れる。また、コッホの実際の解釈についても同じく第3章でみていくことにする。スケッチ・スキルとディスクリプション・スキル。「これらふたつの武器を手に入れて、はじめて美術作品を深く、客観的に鑑《み》る目が養われる」(池上、二〇一二)という池上の言葉は、そのままバウムテストの解釈にも当てはまる。

## 5 「自己-状態」の表れとしてのバウム

以上、バウムテストの解釈に臨むに当たっての基本的な四つのスタンスについて述べた。その四つとは、責任感、バウムのイメージを持ち続けること、バウムのイメージをなぞりながらその内側に入っていくこと、そうする中で、絵それ自身の本質から自然に言葉になるものを解釈の出発点とすること、の四つである。基本的なスタンスとしてはこれらを踏まえておけばよいと思うが、解釈に進む前にあと二つ述べておきたいことがある。一つはバウムテストでは、被験者の何が表されていると考えるのか、という問題であり、もう一つは、バウムテストをテストとして位置づけるのか、治療的媒体として位置づけるのか、という問題である。

まず、バウムは何を表していると考えるかという点についてだが、コッホとは独自にわが国のバウムテストを牽引してきた高橋（一九七四）[8]は、「樹木画は被験者の基本的な自己像を表し、被験者が自分自身の姿としてほとんど無意識に感じているものを示している」とし、また、「被験者が自分の心の平衡状態についてどう感じているかを示し、被験者の精神・性的成熟度（パーソナリティの発達）の程度を表している」としている。また「単に自己像を象徴しているだけではなく、樹木が特定の人物を象徴」することもあるという。そこでＰＤＩ（描画後の質問）が重要になってくるというわけである。

筆者自身は、バウムが被験者以外の人物を象徴しているという見方をすることはほとんどなかったが、被験者自身を表している場合に限定するとしても、高橋はさまざまな可能性を挙げている。一つは被験者自身の自己像。それも無意識に感じている自己像であるという。次に、自分の心の平衡状態に対する感じ方。さらにもう一つ、パーソナリティの成熟の程度。「自己像」という言葉からは、バウムテストで表現される木の形態が比較的安定していることが示唆される。一方、「パーソナリティの成熟の程度」という言葉からは、年齢にともなって変化することが示唆されるが、その変化は、人の身長や容姿のように、発達にともなったゆっくりとした変化であり、比

（８）　高橋らはコッホの「バウムテスト」と区別して自らの方法を「樹木画テスト」とよび、教示も「一本の木をできるだけ丁寧に描いてください」としてきた。

較的安定した形で自己像なりパーソナリティなりが映し出されると想定される。しかし、そこに「心の平衡状態についてどう感じているか」も反映されるとなると、その安定性は揺らぐ。

これらをまとめると、高橋は、バウムテストでは、ある程度安定した自己像が表現されるものの、パーソナリティの成熟の程度に応じて、あるいは心の平衡状態によって、漸進的に、あるいはランダムに表現が変化すると見ていると考えられる。

これに対して、コッホの考えはもっと入り組んでいる（Koch, 1957/2010）。「木は、投影の担い手以外の何ものでもない」（二五ページ）と述べ、「多少とも、描き手の何かを引き出す性質をもっていて、……主観的に形作られた表現として立ち現れる」が、そのイメージは、「客体〔実在する木の像〕とも融合してい〔るので、主観的とも客観的ともいえ〕る」（二五―二六ページ）。

コッホは、バウムを、描き手の内面が投影された主観的なものと、外界に存在する木のイメージが描写された客観的なものとが入り混じった、キメラ的なものと捉えているのである。さらに、主観的なものについても、「〔木という〕対象は、深層も表層も映し出すことができるが、あちこちが島状に表現されるので、隠れたままの場所も残る」（二七ページ）と述べていて、表層から深層まで、その深浅の度合いも多様である。コッホの考え方を基本に据えると、解釈にあたって考慮すべき要因は、高橋の想定よりも広範囲になる。

ここで筆者は、バウムが表す描き手の主観的な側面については、描き手の「自己像」ではなく、「自己-状態」を表すものと捉える見方を提唱しておきたい。ここで「自己-状態」とは、関係精神分析の分析家ブロンバーグ（Bromberg, 2011/2014）による概念であり、「認知、信念、主な情動と気分、記憶へのアクセス、スキル、行動、価値、作用、生理的調整などが自分自身のまとめ方で独自に組織化」されたもので、瞬間瞬間に不連続に切り替わっていくものとされる。

　ブロンバーグは自己を本来、多重なものと見ており、心が耐えられないような情動に襲われると、「自己-状態」が切り替わる。「自己-状態」は、安定性と易変性をうまく表すだけでなく、治療者との関係でも切り替わるため、そこに関係性を織り込むこともやりやすく、想定すべき範囲はコッホよりもさらに広範囲となるが、バウムを固定した自己イメージとしてのみ捉える弊害からは比較的自由になれるため、筆者としては、バウムは描き手の「自己-状態」を表すものと捉えておきたい。

「自己像」と捉えるか「自己-状態」と捉えるかの違いは、たとえば、「前のクリニックでも（バウムを）描きました」と言われた場合に浮き彫りになる。バウムを比較的安定した自己像の表れと捉えるなら、また描いてもらうことに意義はあまり感じられなくなり、描き手には同じ課題を反復させる負担をかけることになる、と思ってしまう。しかし「自己-状態」の表れと捉えるなら、私（治療者・テスター）との関係でどのような「自己-状態」が布置されているかによって、その表現も異なってくることになる。だから、仮に前に描いたことがあるとしても、そこで描いたのは前の治療者・テスターとの関係の表現であり、今私との関係ではまだ描かれていないのだから、私（治療者・

テスター）との関係で描いてもらうことに意義を感じられる。

治療者・テスターが、もう一度描いてもらうことの意義をしっかりと意識できていれば、それを言葉にして伝えても伝えなくても、重心を安定させてバウムテストを行うことができる。だから、「自己像」と捉えるか「自己-状態」と捉えるかは、一見些細な違いのように見えるかもしれないが、見過ごすことのできない大きな意義を臨床場面で持つことになると思うのである。

## 6　テストか治療的媒体か

本章の最後に、バウムテストを、テストとして位置づけるのか、それとも治療的媒体として位置づけるのか、という点について考えておきたい。「バウムテストは『テスト』ではないと私は考えている。バウムテストは、この命名に致命的な痛みを感じているように思われる」（皆藤、二〇〇四）とする立場もあるが、一方で、山（二〇一一）は「バウムテストはバウムテストであることによって、さらにその価値が深められ得ると思われる」と述べ、テストとしての意義も強調している。

村瀬らは「テストとは一定の手続きを踏まえ、ツールを用いて対象を評価するという営みであり、基本的には、施行する側に主導権がある。これに対し臨床における表現はクライエントに主体があり、セラピストは受け手であり、さりげなく表現を援助する存在である。この一見相反する両方の機能をバウムテストは併せ持っており、しかもこの二つの機能は時に表裏一体の関係にあることがその特質である」（村瀬・斎藤、二〇一〇）と適切にバウムテストに備わる二面性について述べている。筆者としては、テストか治療的媒体か、という二者択一の問いは、不毛であると考える。そもそもこのような問いを立てることに問題があるのではないだろうか(9)。

たとえば、精神科医からオーダーを受けて、バウムテストをテストとして施行する場合であっても、以下に述べるような治療促進的要因を治療者が意識していれば、それは単にテストにとどまらず、治療を促すものとして働くだろうが、テスターが単なるテストとしてのみ位置づけるなら、バウムテストに潜む力はその本領を発揮することができない。

一方で、心理療法の流れの中で、治療的な媒体として描いてもらう場合であっても、バウムテストのテスト的な側面に目を配ることができなければ、バウムが提供してくれる「緩やかな枠組み」や「客観的視点」（山、二〇一一）を活かすことができない。状況により、テストと治療的媒体のいずれかを前面に出して施行することになるとはいえ、バウムテストの本領が発揮されるためには、この両方の側面を意識し総合して用いることが必要になってくる。バウムテストの治療促進的要因とテスト

(9)「問いに答える前に、その問いが適切かどうかをまず考えておく必要がある」とは、斎藤清二教授（当時富山大学保健管理センター長）の言葉である。これは、臨床においても研究においても重要な警句であり、常に心に留めておきたい。

的側面（その中でも特に指標の意味）については、章を改めて論じることとする。

# 第3章　解釈の基本（一）記述

## 1　解釈の共創造

　本章と次章では、バウムテストの解釈について論じる。本書で解釈という場合、テスターが描かれたバウムについてどう考え、どう理解するかを指し、外言として被験者に伝えられるか、内言としてテスター自身の内に留まるかは問わない。所見としてフィードバックされないのであれば、内言による解釈など意味が無いのではないかという意見もあろうが、テスター自身が、描かれたバウムと対話し、どう理解したらいいかと問い続け、言葉にしようとする努力を続けるという姿勢は、バウムの描き手にも共振する（岸本、二〇一四）。この点については改めて論じる。

　バウムテストは、時に「心のレントゲン検査」に喩えられることがあるが、私はこの比喩をあまり用いない。理由は二つある。一つは、バウムテストにおいてはテスト状況やテストの目的、テスターの存在のありようなどに影響される部分が大きいと考えるからである。もちろん厳密に言えばレントゲンも撮影者の腕によってきれいな写真が撮れることもあれば，そうでないこともある。とはいえ，撮影者の影響によって，影の形が変わったり影の場所が移動したりということはない。レントゲン検査の場合，撮影の対象を客観的に描出することが理想である。

しかし，バウムテストの場合，第2章第5節で論じたように，そこで表されるものは，自己像というよりは，「自己‐状態」と捉えるのがよい。バウムテストにおいては，自己像という，客観的なイメージのようなものがあって，それが表現されるのではなく，思考や感情の状態，あるいは周囲との，特にテスターとの関係性で，瞬間瞬間に変化していく「自己‐状態」の，ある瞬間におけるイメージが表されている，と筆者は考える。「心のレントゲン」という比喩では，撮影の対象となる客観的な自己像があるかのような印象を与えてしまい，そこに関係性を読み込んで解釈するという視点が後退してしまう。

もう一つの理由は，レントゲン検査の場合，レントゲン写真を読み解く医師と診断を受ける患者の関係は一方向的であり，この比喩を用いる限り，バウムテストも同じようにテスターがそれを読み解いてその所見を被験者に一方向的に告げるものであるとの印象を与えかねない。しかし，バウムテストにおいては，解釈はテスターと被験者とが共創造（co-creation）（Bromberg, 2011/2014）していくものと捉えるのがよいのではないかと思う。

ここで共創造という言葉に、私は二つの意味を込めている。一つは、バウムの解釈に、被験者の外見とか被験者がテスト中に、あるいはその前後に語った言葉などを取り入れて、所見を作り上げていくという姿勢を指す。ここには確証バイアスの危険が常に潜んでいるが、これについては本章第4節の記述のレベルのところで触れることにする。

もう一つは、実際に描いてもらったバウムを見て、治療者・テスターが気になったところ、わからないところについて具体的に尋ねて、文字通り、解釈を一緒に作っていくというスタンスも指している。これを、「対話による共創造」と仮に呼ぶことにする。バウムを描いてもらうと、「これで何がわかるのですか」とか「これはどういう意味があるのですか」と尋ねられることも少なからずあった。

最初の頃は、「何がわかるというよりは、絵のイメージを持ちながらお会いしていきたいと思っています」と答えることが多かったが、それだけではせっかくのバウムを活かすチャンスを台無しにしてしまっているのではないかと思うようになった。特にそのように尋ねてこられた時は、バウムの解釈を共創造し共有するよいチャンスである。バウムテストを、レントゲン検査のように、治療者が読み解いてフィードバックすべきものと位置づけると、正しい答えを探そうとしてしまう。しかし、バウムを「自己－状態」の表れと捉え、解釈を共創造していくという意識があれば、「これで何がわかるのですか」と問われた時に、それをチャンスと捉えて対話を始めることができる。

具体的には、一次レベルの記述を元に、気になる部分を話題にしていくのがよいと思うが、記述のレベルについては後に述べることとして、ここでは共創造ということで筆者が何を言いたいのかについて、もう少し詳しく述べておこう。

たとえば、幹の表面にいくつかの筋が書き込まれ、テスターにはその線が気になったとする。そこで、たとえばコッホの『バウムテスト第三版』をみると、「傷のついた、かさぶた状の、ざらざらとした、ひび割れた表面」という項目があり、そこに「感じやすさ、感受性のある、傷つきやすさ、感動させる……」などと書かれているので、これらの解釈の中からどれが当てはまるか、と探す。そんなふうに、確からしい解釈を集めて所見が作られていくことが少なくないのではないかと思うが、これではサイコロで占うのとさほどかわらない。解釈を行う上では、テスター自身にその解釈が腑に落ちることが必要である。テキストに書いてあるから、というのはあまりにお粗末であろう。

幹の表面の筋は、もしかしたら幹表面の模様を表そうとしたものかもしれないし、誰かが描き込んだ落書きかもしれないし、経年変化によるひび割れかもしれない。だから、その幹の筋が気になって、どう捉えたらよいか迷ったらさらに、私なら、「この幹表面に描かれている筋のような線は、どんな感じで描かれたのですか」と尋ね、さらに相手がそれで戸惑うようなら、「幹表面の模様ですか、傷ですか」などと尋ねてもよい。すると「模様のつもりで描きました」とか「なんか幹に傷が付いている感じがして」とか、あるいは「今日ここに来る途中で見た木の幹の感じを出したくて」とか、あるいは「そういうことは何も考えていませんでした。なんとなく描きました」など、いろいろな答えが返ってくるだろう。模様と傷とでは解釈も大きく異なってくる。そのいずれかがわかればその線にそって解釈を進めることができる。言語的なやりとりをしなくても、外観やそれまでの会話から、ある程度自然に解釈の方向が決まる場合もあるだろう。もしわからないのであれば、断定を避け、さまざまな可能性を念頭にいれて解釈をしていくべきである。

もう一つ例を挙げておこう。描いている様子を見守っている中で、幹の先端の枝分かれのところでずいぶん迷い、枝を描き始めるまでずいぶん時間がかかったのが気になったとする。その場合、「幹の先のこの部分、ずいぶん迷っておられましたね、どんな感じだったか教えてもらえませんか」と尋ねてもよい。すると「幹のところはすっと描けたのですが、最初に枝を出したあと、次の枝も同じように伸ばすのはつまらないと思ってぐにゃっと曲げたら、あとのバランスを考えていなかったので、どう収めようかと考えていたんです」と答が返ってきたりする。これらはそのまま解釈に活かすことができる。

バウムが描かれるのを見守りながら、気になったところ、わからないところがあれば、それについて言葉で確認をしておくということは、解釈をする上で非常に大切になってくる。細部を聞きすぎて描き手に嫌な気持ちを残す、ということがないように注意をすることは必要だが、描き手に聞くことは侵襲的だと考えて、聞いてはならないと誤解をしているように見受けられることもしばしばある。バウムの解釈は暗号の読み解きとは違う。描かれたバウムを間において、描き手とともにその意味を一緒に考えていくという姿勢を基本に据えるなら、テスターが見ていて気になったところ、わからないところについて尋ねることは、さほど抵抗なくできるだろう。そしてその問に対して語られることもまた解釈に活かすことができる。

## 2　記述アプローチと指標アプローチ

バウムの解釈を行う上では、少なくとも二つのアプローチがあると思う。ここではそれを、記述アプローチと指標アプローチと仮に名づけておく。記述アプローチは、描かれたバウムを丁寧に言葉にしていくことを基本に据えるやり方で、ディスクリプション・スキルを磨くことがその入口となる。指標アプローチは、指標をもとにバウムの意味に迫ろうとするアプローチである。

便宜上、本書では両者を分けて別々に論じるが、実際の解釈では、両者の区別はさほど明確ではない。記述アプローチを行うにしても、さまざまな指標に目を配ることができなければ、散漫な記述となったり、肝心のところに目が届かなかったりすることになるし、指標アプローチを行うにしても、指標の意味をテスターが納得できる形で記述できないと、意味のある解釈へとつながられない。どちらが欠けても解釈はできない。

コッホも同じことを述べている（Koch, 1957/2010）。バウムテストを習得する方法は二つあると述べ、一つは「表現のグラフに則った読み取りを学ぶこと」（一四八ページ）、今一つは「無心になされる把握」（一四八ページ）で、前者が指標アプローチに、後者が記述アプローチに相当する。コッホがテキストをまとめた頃にはすでに多くの指標の解析が広範に行われていたので、「グラフの読みは、訓練を、それも相当な訓練を必要とする」（一四八ページ）と述べ、「図式的な読みを学ばないものは、溺れてしまうことが避けられない。労苦を厭うなら、このテストからは手を引くべきである」（一四九ページ）と強い口調で指標アプローチが不可欠であることを強調している。また、「優れた指標の記録には既に、解釈が半分含まれている」（一四八ページ）と述べ、優れた記述は自然と解釈に通じるというう記述アプローチのエッセンスもここに示されている。

## 3　事　例

記述アプローチと指標アプローチは実際には明確に区別はできないが、便宜上両者を分けて、ここではまず、記述アプローチについて考えることにする。実際の事例がある方がわかりやすいと思うので、筆者自身の事例を示すことにする。心療内科の外来で、初診六〇分、再診三〇分、週一回という構造を明確にした心理療法を行っていた時の事例である。

## ■バウムテスト導入まで

彼女は六〇代の女性で、C型肝炎を基礎にもつ肝硬変の治療のために入院しておられたが、発作的に病室の窓から飛び降りたくなる、というようなことを看護師に打ち明けて、その看護師から報告を受けた主治医が私に紹介してこられた。話を伺うと、こんなふうに話された。

食事をとるといらいらしてきて、歩いていたら倒れそうになって、看護婦さんにつかまって、そしたら目の前が真っ暗になって横にしてもらった。一か月前、下腹部がいらいらしていて、じっとしていられなくなって、座っていられない。座って食事を食べられないので、立って廊下で食べたりとかしていた。お湯飲みに入っているお茶を見るだけでもいらいらしてくる。A病院で安定剤をもらったが合わないので止めた。脳外科でも異常ないと言われた。常に喉が詰まったような乾いたような感じがあります。

そこまで聞いたところで話が区切れたので、睡眠や食事、ご家族の構成などを確認した後、「ちょっとお願いがあるのですが、実のなる木を描いてほしいんですけど」と頼んだ。通常の事例提示なら、ここで描かれたバウムを示すところだと思うが、そうすると、どうしても出来上がった作品だけに目が向き、その印象で判断してしまうことになる。しかし、そのようなやり方では、描き手の心性を無視した独断となってしまう危険が高くなる。というのも、描かれるプロセスを見守っていれば、また違った印象を抱くことが少なくないからである。そこで、コマ送りのような形にはなるが、描かれたプロセスを辿りながら考えてみたい。

なお、以下に示す解釈は、描かれるのを見守りながら浮かんできたことと、描画後にそのイメージを温めながら言葉になってきた部分とが入り交じったものであることを断っておく。

## ■プロセスに添いながら解釈する

まず、彼女は、「柿が浮かんできた」と言いながら、幹を描かれる（図3-1）。紙面の中央下方にほぼ平行な幹を描かれる。まず左側の幹線を、次いで右側を、上から下に向かってさっと描かれるが、幹の下端は左の方が右よりも下に降りていて筆圧も自然に減少しており、しっかりと根を下ろしているというよりは宙に浮いた感じになっている。宙に浮いただけでなく、幹の下端の高さが不ぞろいになっている（左の方が下まで伸びている）ので、異空間から飛び出してきたかのような、幻像のような印象さえ受ける。反対に幹の上端はほぼ同じ高さまで線が引かれ、開放したまま残されている。

図3-1

図 3-2

図 3-3

次に枝を描きながら、「柿の枝はぽきぽきしている、梅もそうなのよね」と言われる。幹上端から少し隙間をあけて、右やや斜め上に向かって二線枝が二本、放射状に描かれる（図3－2）。いずれも平行枝で、先端は開放している。次に上の枝からさらに二線枝がほぼ右水平方向に少し伸び、そこからさらに短い二線枝が右斜め上に向かって先細りの形で伸び、先端は閉じられる。下の枝からは一線枝が今度は右斜め下に向かってのび、その中途からさらにもう一本の一線枝が右斜め上に向かって分枝する（図3－3）。並行枝で先端は開放になっているが、枝が幹から離れていることからは、枝も宙に浮いている感じがあり、枝の形状からは、しなやかさは感じられず、後で彼女自身述べているように「ぽきぽき」した感じ、突然方向転換する感じ、を受けた。

そして、右下方に伸びる一線枝の下三分の一あたりのところに柿の実を描かれる（図3－4）が、実と枝は離れていて、実も宙に浮いた感じを受ける。その後、しばらく眺めておられるので、私もどんな展開になるのかと思って見守っていたが、しばらく眺められて、「葉っぱがない、根っこがない

図 3-4

じゃ、中途半端よね、全体が見えていない、こだわっちゃうんだよね。やっぱり神経かな」と言われたので、ご本人はもう描き終えておられるつもりなのだとわかり、驚いた。

私は、左側の枝はどんなふうに出るのだろう、包冠線（樹冠の輪郭を示す線、山中の命名による）は描かれるのだろうかなど、イメージを膨らませながらその後の展開を見守るスタンスでいたので、彼女としてはもう描き終わったと思っていることがわかり、驚いた。左半分は描かれないままだし、幹先端も開放したままになっているので、これは見かけ以上に大変ではないかと感じた。一方で、自分で「やっぱり神経かな」と気づかれるほどの強さがあることも感じられた。

開放したままの幹先端は、形態としては完全開放型（岸本、二〇〇二）だが、山中が当初統合失調症の患者さんに見出した「メビウスの木」や「漏斗状幹上開」（山中、一九七六）とは違うという印象を受けた（これらの指標については第5章で取り上げて論じているので、詳しくはそちらを参照されたい）。お会いしている印象からも統合失調症という感じはまったく受けなかったが、ある種のバウンダリーの薄さは感じていたので、それがうまく視覚的に表現されていると思った。それはたとえば、アドバイスを強く求められ、人の意見に非常に左右されやすいことだとか、「病気を治す水」があると聞くとすぐに買い求めたり、磁気ネックレスやパワーストーン、健康食品からマッサージ機に至るまで、良いと勧められると、試しては、当初はよく効くが効果は長続きしない、ということが繰り返されていたことなどから推察された、バウンダリーの脆さである。

以上をまとめると、幹は、ぬうっと突然姿を表したような感じで、地に足がついておらず、不安定な印象をあたえること、幹の先端は開放したままであること、枝はポキポキと折れた感じ、繋がっていない感じがあり、右半分はさまざまな方向に分枝して空間を埋めていく傾向が感じられるのに対し、左半分はまったく空白のまま残されていること、枝と枝、枝と実の間が繋がっていないこと、一方で、「全体が見えていない」ということに自分自身で気づくことができる強さも持っていること、などが浮かんできた。

また、幹先端開放は、何らかの疾患を指し示す病的なサインというよりは、ある種の境界の脆弱さを示すものと思われた。彼女の中で繋がっていない部分がどう繋がっていくか、幹の先端がどう閉じていくか、見えていない左半分をどう見ていかれるか、といったあたりが今後の治療の中での一つのポイントになるのではないかと感じた。なお、以上は私の内言による解釈で、患者には伝えていない。

## 4　記述のレベル

このように、記述アプローチでは、描かれたバウムを、できればその描かれたプロセスに沿いながら言葉に置き換えて解釈しようとする。このアプローチを行う上では、記述のレベル（岸本、二〇一一）を区別しておくことが有用である。ここでは仮に、記述の一次レベル、二次レベル、三次レベルと三つのレベルを区別しておく。

### ■記述の一次レベルと二次レベル

一次レベルの記述とは、描かれたイメージを、そのまま、記述者の主観的判断を可能な限り避けてニュートラルに言葉に置き換えていくような記述を指すのに対し、二次レベルの記述は、受け取る者の判断がそこに入ってくるという違いがある（厳密に考え始めると一次レベルと二次レベルの区別自身が曖昧となるのだが、概念的には一応両者を区別しておく）。

たとえば、先のケースでは、「紙面の中央下方にほぼ平行な幹を描かれる。まず左側の幹線を、次いで右側を、上から下に向かってさっと描かれるが、幹の下端は左の方が右よりも下に降りていて筆圧も自然に減少しており」という部分は幹を、価値判断抜きに、中立的に、言葉で描写しようとしているので一次レベルの記述とするが、これを「地に足がついていないので不安定」と解釈している部分は二次レベルの記述である。この「不安定」というのは筆者の主観的な判断だからである。「根がないので不安定」「地面線が描かれていないので不安定」と、形態からすぐに二次レベルの解釈に走ってしまう例がよく見受けられる。しかし、それは勇み足であろう。根の描写は標準的な集団では三三%にみられる（佐渡、二〇一五）[10]が、裏を返せば、三分の二は根が描かれないということであり、これらの人がすべて不安定ということはありえない。適切に判断していくためには、根の描写が一般にどのくらい見られるかということを把握していなければならない。記述アプローチによる解釈においても指標アプローチが不可欠であると述べたのはこういう理由による。

このケースで根元の形態を「地に足がついていなくて不安定」と解釈したのは、幹線が上から下に描かれており、筆圧が下の方では急速に弱まって消えゆくような線になっていること、単に根や地面線が描かれていないだけでなく、左の幹線の方が右の幹線より下に伸びていること（これが、底面が傾いているコップであれば、倒れやすいことは容易に想像できるだろう）などから判断したのである。

このように、描かれるプロセスを見ていると、自然に二次レベルの解釈に進むことが可能となることが少なくない。二次レベルの解釈を行う上では、自分なりにその根拠を、ある程度は明示的に示せることが必要である。そうでなければ、一次レベルの記述にとどめておくべきであろう。

## ■確証バイアス？

次に、「枝はポキポキと折れた感じ、繋がっていない感じ」という解釈は、彼女が枝を描きながら語った「柿の枝はぽきぽきしている、梅もそうなのよね」という言葉に基づくものである。本章の冒頭で「対話による共創造」ということを述べたが、バウムの解釈に、描き手のこのような言葉を持ち込むことは果たして正当化されるであろうか。

心理テストを客観的なテストとして確立しようとする立場からは、被験者の様子や被験者とのやり取りを解釈に持ち込むことは確証バイアスと呼ばれ、結果の解釈に先入見を与えるという点でネガティブに捉えられる可能性がある。一方で、臨床場面においては、そのような情報の位置づけはまったく異なってくる。

ナラティブ・ベイスト・メディスンの提唱者のひとりであるグリーンハル（Greenhalgh, 1998/2001）が、次のような例を挙げている。「たとえば、『利尿薬』〔引用者註：心不全の治療に使う薬〕を先週使い果たしたと言った患者では、そうでない患者よりも医師は圧痕性浮腫〔心不全悪化の徴候の一

（10）最近の研究で根の出現頻度を示したものは見当たらないが、佐渡が博士論文（九七ページ）で、東海地区大学生のデータを示しており、それによると、根が描かれたのは三三％（三一二／九五〇）であった。

つ」を検出しやすくなる」。心不全で治療をしている患者から、薬が無くなってしまって飲んでいないという情報を得た場合には、心不全が悪化していることが想定されるので、その徴候としての浮腫を見つけやすくなる。薬を飲んでいない、という情報は、統計学的には確証バイアスとされるが、臨床実践においては臨床決断に有益な情報となり得るのである。

確証バイアスの重要性が強調されるのは、あらかじめ自分が持っている先入見によって、それに合う情報だけが取り入れられ、それに合わない情報が切り捨てられることによって判断が歪められてしまうからである。それを避けるためには、まず一次レベルの記述を丁寧に行い、そこから浮かび上がってくるさまざまな解釈の可能性を丹念に吟味して、特にある解釈が浮かび上がってきたときにはそれと正反対の解釈も思い浮かべることを意識的に行って、二次レベルの記述に移る、ということが必要となる。大切なのは、二次レベルの記述を行うときに、数ある解釈の可能性の中からどうしてその記述を行うのか、そのプロセスをテスター・治療者がある程度意識できることである。

## ■記述の三次レベル

次に幹先端の開放について考えてみよう。幹先端が開いたままになっている、という記述に留めるのであれば、これは一次レベルの記述である。これを「ある種のバウンダリーの脆さ」と捉えると、二次レベルの記述に進んでいる。幹の先端が開いている様子からは、たとえば、「心が開かれている」

と捉えることも可能であろう。

コッホ（Koch, 1957/2010）は、「管状枝（開いた形）[11]」の項目で、上端が開いた枝について「終了（Ende）まで至っておらず」とまず一次レベルの記述を行ってから、「成長も発育も完成していない」（一七九ページ）と述べ、それを周囲の人や環境との関係と重ねるなら「問いには答えないままで、決断」しない、「感化されやす」い（一八二ページ）、「決断能力の欠如による『従順さ』」（一八五ページ）といった解釈につながるし、時間との関係に重ねるなら「長期目標に開かれた」「未解決のものにひきつけられる」「目標が定まらない」（一八五ページ）などの解釈が浮かんでくるとしている。これらの解釈はいずれも二次レベルの記述に基づくものといえる。

このようにさまざまな解釈が可能な中で、ある種のバウンダリーの脆さ、コッホが挙げている項目で言えば「感化されやすさ」とか「決断能力の欠如による『従順さ』」といった解釈を採ったのは、彼女がすぐにアドバイスを求め、それに感化されるというエピソードを繰り返している様子と重ねてのことであった。

一方、指標アプローチによれば、幹先端の開放、特に山中の「メビウスの木」や「漏斗状幹上開」（山中、一九七六）は、当初統合失調症の患者によく見出されるとされた指標であった。そこで、幹先

（11）　コッホは、「管状枝（開いた形）」の項目で、枝と幹の両方について論じている。

端の開放を「統合失調症」の可能性を表すものと受け取ったり（このケースではその可能性はないと筆者は判断したが）、あるいは、高橋（一九七四）がいうように「知能と感情のバランスを失っている」と受け取ったりする場合、筆者はこれを三次レベルの記述と捉える。というのも、これらの解釈は、上記の二次レベルの記述からさらに一段階の飛躍が必要になるからである。「幹の先端が開いていて、外部から幹の内部に容易に侵入が可能で守りが薄い」とか、「幹の先端が開いていて、心が開かれている」と解釈するのは、そこにテスターの主観的な判断が入り込むとはいえ、一次レベルの記述から自然に理解することができるが、「統合失調症のサイン」とか「知能と感情のバランスを失っている」と捉えるためには、もう一段の飛躍、抽象化が必要になる。

したがって、このような解釈には描画イメージから少なくとも二段階の飛躍がある。筆者がこの種の記述を三次レベルの記述と呼ぶゆえんである。そして、いきなりこのレベルの解釈を行うのは賢明ではないと筆者は考える。

三次レベルの記述は描画イメージから二段階の飛躍があると述べた。したがって、この種の解釈を第三者が共感するためには、解釈のプロセスが共有される必要がある。先ほどの高橋の解釈の例を挙げるなら、なぜ上端が開いた幹を「知能と感情のバランスを失っている」と解釈できるのか、その解釈のプロセスを共有できることが解釈の妥当性を高めることになるだろう。

描かれた絵を前にしてそれとじっくりと向き合い、それを言葉にしていく（一次レベルの記述）。

そこから浮かび上がってくるさまざまな解釈を被験者の姿や言葉と重ねながら、一歩踏み込んだ解釈を行っていく（二次レベルの記述）。そういった作業を繰り返す中で初めて、三次レベルの記述が意味を持ってくる。しかし、抽象度が高くなる分、その文脈を適切に把握する必要がある。第5章で検討するように、背景が異なると同じ指標がまったく異なる意味を持つことはしばしば生じる。したがって、いきなり「上端が開いた幹を書く人は知能と感情のバランスを失っている」と一般化して解釈することは非常に危険であることを強調しておきたい。

## 5　コッホの解釈に見る記述アプローチ

指標アプローチに進む前に、コッホによる事例の解釈についても見ておこう。コッホの『バウムテスト第三版』で示されている事例A（三五歳、技術職、上役）（図3-5）は、初版、第二版でも同じ事例が事例Aとして述べられており、コッホの事例解釈の範例といえる。コッホの事例Aの解釈の冒頭部分を、一文ずつ取り上げて、コッホがどのように記述アプローチを行っているかを見てみよう（Koch, 1957/2010）（二七三―二八〇ページ）[12]。

（12）より詳細な検討は岸本（二〇〇六a）で行っている。

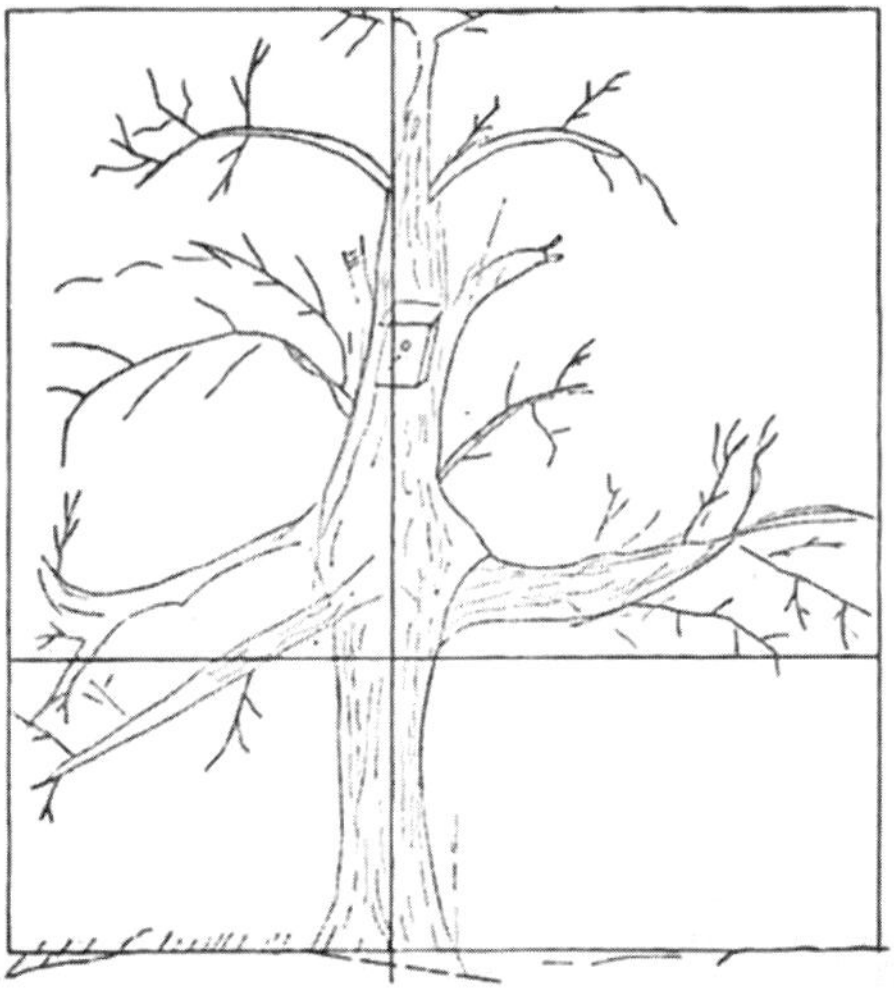

**図 3-5** （Koch, 1957）

被験者はいわゆるモミ型幹を描いている。幹は力強く、だんだん太くなり、〔幹と樹冠の〕移行線を越えたところで甲状腺腫のように膨らんで、それから先細りとなっているが、〔幹の〕先端は開いたままで、管状になっている。

ここでは幹の形が主観的判断を挟まず、中立的な言葉に置き換えられており、幹の形態が一次レベルで記述されている。モミ型幹とは、途中に分枝を出すとしても本幹は根元から先端部分に向かってそのまま先細りとなる形で終止するタイプの幹で、藤岡らの幹先端処理の分類では基本型（藤岡・吉川、一九七一）と呼ばれるタイプに相当する。この記載では、モミ型幹が描かれていること、さらに中央部分が膨らんでいることが描写されているのである。

モミ型幹の描き手は、幹に象徴化されている素質、衝動、生命力を、樹冠部において花束のような形には展開しない。

次のこの文も、基本的には幹の形を述べている。モミ型幹の形態は、花束のような形をしていない、というのがその骨子である。その上で、さらに一歩踏み込んだ解釈がなされている。つまり、幹が何を表すだろうかと考え、素質、衝動、生命力などが幹に象徴化されていると連想を膨らませて、それらが花束のような形には流れていない、下から上に向かって一直線に抜けていく、と言っているのである。したがって、この文は二次レベルの記述へと進み始めている。そこでコッホは被験者の様子を思い浮かべ、次のように述べる。

被験者は、その振舞い、感情、思考の全体において、強烈に突き動かされている（dranghaft）〔衝動的である〕ように見える。

この文は、バウムからの解釈ではなく、被験者を実際に見てコッホが抱いた印象を述べたものだと思われる。前の文で、素質、衝動、生命力などが幹に象徴化されるとされたが、被験者の様子を思い浮かべると、その中でも「衝動」が幹に象徴化されているのではないかとコッホは解釈しているのである。これは二次レベルでの解釈といえる。
先に述べたように、バウムテストを客観的なテストとして確立しようとする立場からすると、被験者についての主観的な印象を解釈に持ち込むことは確証バイアスとして批判されるかもしれないが、事例Aの解釈の後半で、コッホは「この解釈全体を一律に描画に要求するのは無理であり、というのもここでは〔詳しい質問をしているので〕いとも容易に被験者の身になって解釈できるからである」と述べており、バウムから得られる解釈と、本人の外観や言語的やりとりから得られる解釈とを織り交ぜて解釈を作り上げていることについては、コッホ自身も、自覚していたことがわかる。本章第1節で論じた「解釈の共創造」は、コッホ自身のスタンスでもあったと考えられる。

突き動かすもの（Dranghafte）〔衝動性〕と駆り立てるもの（Triebhafte）〔欲動性〕とは、ここでは、日々の生活において向こう側〔無意識〕に持ち去られた圧力のことだが、その欲動的なエネルギーを日々の生活のとるに足りない日課に割り当て〔て解消す〕ることはできない。

被験者の様子を見て、幹に「衝動」が象徴化されていると見て取ったコッホは、次に「衝動」とは何かを説明している。それによると、衝動とは「日々の生活の中で向こう側に持ち去られた圧力のこと」、「欲動的なエネルギー」のことだとされる。ここではフロイトやユングの深層心理学の概念が援用されている。その欲動的エネルギーを「日々の生活のとるに足りない日課に割り当て〔て解消す」ることはできない」と述べているのは、幹の形態からの連想である。花束のような形をした幹であれば、幹の下から突き上げてくるエネルギーが、あちこちの枝（「日々の生活のとるに足りない日課」）に分散されるが、モミ型幹ではそうはいかないからである。

　エネルギーは目の前に突き上げてくるものであるが、原始的な形というわけではない。

　モミ型幹では、幹に象徴化されている衝動が分散されないので、その欲動的なエネルギーに直《じか》にさらされる（「目の前に突き上げてくる」）ことになる。しかし、「原始的な形というわけではない」と言えるのは、幹が先細りになっているからである。これが、噴火口のように大きく口を開けた形であれば、欲動的なエネルギーも原始的な形で噴出するといえるだろうが、幹の形はそうなっていない。以上、欲動的なエネルギーの流れを幹の形態を手がかりに解釈していて、二次レベルの記述がなされている。

　幹が向かう先端部分は、外界と接する部分であるが、ほとんど尖ってはいるものの同時に開いたままになっている。何本かの枝の先端が管状になっているのを見ると、さらにそういう印象が広がる。

ここでは幹の先端の形状について一次レベルで記述されている。ほとんど尖っていると言っていいくらいではあるが、よく見ると先端は開いたままになっているということで、ここからまたその意味について解釈がなされる。

実際、被験者は、意識して適応しようとしている。それは適応の意志を持つ者の適応能力である。

一次レベルの記述がなされた後、さらに二次レベルの記述へと進む前に、Aの実際の様子が記載されている。Aは、仕事において、意識して適応しようとしているというのである。「適応する」の原語はanpassenで、「寸法を合わせる」「相応しいものにする」という意味もある。幹や枝の先端を先細りにして、幹や枝に相応しい形にしようとする様子と、実際の仕事において、意識的に適応しようとしている様子とが重ねられている。こうして二次レベルの記述へと進んでいるのであるが、形態の描写がそのまま心理の理解につながっていて、自然な解釈であると感じられる。

強烈なエネルギーと比較して、情動性は、ほとんど貧弱な形でしか流れ出ることができない。

まだ欲動的エネルギーについての検討が続いている。内面に感じられる衝動的エネルギーは強烈であるのに比べると、外に表出される情動は乏しい、という。この文は被験者の実際の様子を述べたものなのか、幹の形態から推察される衝動と情動の在り方を述べたものかは判然とせず、その両者を重ねながら述べているのであろう。

管状に開いた枝の先端は、その量を測りながら情動を放出することを指し示している。量を測りながら（dosiert）、というのは、先が尖っていることに、まさしく適応の意志が表現されているからであり、特に、すべてのエネルギーがしばしばせき止められ、はまり込んで立ち往生し、跳ね返されているからである。

幹先と枝先の形態を、スポイトになぞらえるとわかりやすい。スポイトの先が細いと、圧力をかけても少しずつしか出ていかない。下から（無意識から）の強烈な欲動的エネルギーは、出口が細いため、せき止められ、跳ね返されているというわけである。その根拠をコッホはやはり幹の形態に見ている。

幹の中央の目立つふくらみは、それを表現したものであり、はまり込んで立ち往生していること、詰まっていること、停滞状態、阻害されていることの表現であり、いわゆる抑圧（Verdrängeng）〔押しのけられていること〕の表現である。

下から突き上げてくる衝動が、出口が狭いために押し戻され、幹の中央辺りで停滞して膨らんでいるのではないかというのがコッホの解釈である。そして、それを「抑圧」の表現と受け取るわけである。この「抑圧」は、深層心理学の重要な概念の一つでもあり、幹の形態を「抑圧の表現」と解釈するのは、三次レベルの記述といえる。とはいえ、「抑圧」のもともとの語義は、「押しのけること」「払いのけること」である（吉田、二〇〇四）ので、ここでも二次レベルの記述がそのまま三次レベルの記述へとそのままスライドしているといえる。

このように、コッホの解釈を見ると、記述アプローチを基本に据え、一次レベルの記述を出発点として丁寧に記述しながら、記述のレベルを徐々に二次レベル、三次レベルへと、無理の無い形で上げていることがわかる。そしてそこに後述の指標アプローチも適宜織り交ぜながら解釈を立体的なものにしていくのである。

本書はコッホのテキストの解説ではないので、コッホの事例解釈の解説はここまでとしておくが、記述のレベルを意識しながらコッホの事例解釈を読めば、そこに記述アプローチと指標アプローチが見事に統合されながら解釈が共創造されていく様子を見ることができるだろう。

# 第4章　解釈の基本（二）指標

## 1　指標アプローチ

### ■指標とは何か

本章では、バウムテストの解釈に迫るもう一つの道筋である、指標アプローチについて述べる。指標とは、物事を判断したり評価したりするための目印となるものを指す。

コッホ（Koch, 1957/2010）は『バウムテスト第三版』の中で、七六の指標を挙げ、五八の指標について、初等学校一年から九年（日本の小学校と中学校に相当）、初等学校八年卒の半熟練工（一五歳から二〇歳）、商店員（二〇―三五歳）など、四〇〇〇枚を超えるバウムを対象にした発達調査の結果を一覧表にしてその巻末に付している。この一事を以てしても、コッホがバウムの解釈において指標を重要視していたことを容易に察することができる。

本書では、指標の一つひとつを取り上げて論じることはせず、指標をバウムの解釈に活かすために留意すべき事柄を中心に論じる。各指標についての議論はコッホの『バウムテスト第三版』を参照されたい。とはいえ、抽象的な議論になっては意味がないので、具体的な指標として「早期型」を取り上げる。また、現在、わが国において、指標アプローチを行う上での標準的なデータがないという問題についてもふれる。

## ■指標だけでは解釈に結びつかない

まず最初に強調しておきたいのが、指標だけでは解釈には結びつかない、ということである。指標の多くは一次レベルの記述に相当し、それがどういう意味を持つかは、記述アプローチによるしかない。

たとえば、一線幹という指標を取り上げてみよう。一線幹とは、その名の通り、幹が一線で描かれるものである。これは一次レベルの記述であるが、それだけでは解釈にはならない。幹が一線で描かれるということの意味を考えなければ解釈には結びつかない。そこで幹を一線で描くことに込められた思いを推測してみると、たとえば、「実のなる木を描いてください」と言われて、浮かんできた木の幹が非常に細いという場合もあれば、小さい木を描こうとして幹も一線になったという場合もあるだろう。非常に遠いところにある木が思い浮かんだ場合でも幹を一線で描くのがぴったりくるだろう。

太さとか大きさ、距離感などまったく気に掛けず、ただ一線の幹が浮かんできたということもあるだろう。

その中でどう解釈するのが一番ぴったりくるかは、被験者の様子を見たり、やり取りをしたりしながら、判断していくということになる。幹が細く描かれていると判断した場合、たとえば幹に表されている生命力や欲動的エネルギーが低下しているのではないだろうかとか、存在の根幹部分に細さがあるのではないだろうかとか、さらに今一歩踏み込んで考えることもできる。あるいは、そういうことを話題にすることとさえためらわれる時には、上記のすべての可能性を考えて所見を作成したり、あるいは心理療法に臨んだりしなければならないこともあるだろう。指標を解釈につなげるためには、このように、一次レベルの記述（一線幹）から、二次レベル、三次レベルへと記述のレベルを上げながらその意味を考えていくことが必要であり、そのためには、単に指標を同定するだけでは足りない。しかし、指標を同定しても記述アプローチによらなければその意味に迫ることができないのであれば、記述アプローチと何ら変わるところがない。あえて指標アプローチを記述アプローチと対照させるメリットはどこにあるのだろうか。

## ■指標の重み

記述アプローチは、描かれた表現の意味を追及する上では有用であるが、他のバウムとの比較という点では弱い。他者の描くバウムとの比較から得られる知見もバウムを理解する上では有用となってくる。ただし、バウム全体を比較するのはなかなか容易なことではない。そこで、一次レベルの記述の結節点ともいえる指標に注目をして比較検討するということが考えられる。木「全体」ではなく、幹という「部分」に焦点を当て、一線幹という特徴を抽出するのであれば、比較が容易になる。そこでたくさんの被験者にバウムを描いてもらい、一線幹がどのくらいの頻度で見られるかを調査する。個々の描き手にとって一線幹がどういう意味を持つかは無視をして、一線幹の有無のみに注目するのである。

コッホの調査では、幼稚園（六歳）ですでに消失する（〇・八％）。つまり、幼稚園に入る段階で、ほとんどの子ども（九九％）が幹を二線で表現するようになることが明らかとなっている。初等学校から第二学校、半熟練工まで、一％を超えることはほとんどない。わが国における発達調査でも、この数値はほとんど変わらない。

一方、幹ではなく、枝が一線で描かれる一線枝という指標もあるが、こちらは、コッホの調査では、幼稚園（六歳）で六〇％に認められ、一〇歳を超える頃には二〇％前後まで下がるが、その後は第二学校の生徒で一〇％、商店員では二三％と成人しても一〇から二〇％程度は認められる。したがって、一線枝はそれほど稀な指標ではない。一線枝が描かれるのと、一線幹が描かれるのとでは、その重みがまったく異なるのだ。

このような傾向を知っていれば、一線幹が描かれた場合、幼稚園から一八歳に至るまでほとんど描かれることのない指標が現れたわけだから、かなり慎重にその意味を考えねばならないことが、治療者・テスターに即座に認識される。指標アプローチは、指標の意味を明らかにしないが、指標の重みづけをする。それによって、解釈に厚みと深みが生まれるのである。

記述アプローチにおいて、指標の重みづけを知らなければ、描かれるプロセスに添った記述が延々と続き、その記述は平板なものとなる。しかし、指標の重みづけを知っていれば、その記述にはメリハリが生まれることになり、細部に拘泥するのではなく、ポイントを押さえた立体的な記述が可能となる。

## ■文化・時代や「自己－状態」の影響

ここで注意すべきは、稀にしか認められない指標が見られたからと言って、それが即、異常を意味するわけではないし、病的であるというわけでもない、ということである。

図4－1は八歳の男子、ウルス君が描いた絵だが、花に注がれている水は赤く塗られている。他の絵でも、彼は水を赤く塗っており、偶然赤く塗られたわけではないことがわかる。クレヨンで水を塗ってくださいと言われて、赤いクレヨンを手に取る人はごくわずかであろう。多くの人は青系統の色を思い浮かべるだろう。

**図 4-1** （Bach, 1990, 図 6）

それでは赤い水を思い浮かべる彼は異常なのだろうか。実は、彼は白血病で入院治療中にこの絵を描いたのであった。白血病の治療には赤い色をした抗がん剤の点滴が何度も投与されるし、輸血という赤い水が何度も体に入ってくる。その彼が、花に水をやっている男の子の絵を描く。花に元気を与えるのであれば、赤い水がぴったりではなかっただろうか。そういう背景を慮れば、彼が水を赤く塗ったのもよく理解できるし、異常とは言えないことはいうまでもない。

このように、標準から外れるからといって、それが即、異常とはいえないのである。したがって、正常／異常、健康／病的という軸で見るのではなく、多数派／少数派という価値判断の入らない軸でみるのがよいだろう。

多数派／少数派という軸で見るにしても、その割合は、文化や時代によって異なってくる。この点については後章で幹先端処理を例に詳しく触れるが、たとえば、藤岡・吉川（一九七一）は、ハッァピの人は成人においても幼児不定型バウムや幼型バウムを描くが、それは文化的影響によるところが大きく、彼らが幼児的であるとか、精神が発達していないことを示すものではないと釘を刺している。

また、佐渡は五〇年前の山中が収集した中学生のバウムと現代の中学生のバウムを比較し、その指標の出現率に変化が見られることを報告している（佐渡ら、二〇一三。佐渡・鈴木、二〇一四a）。また、そのときどきの「自己‐状態」によっても変わってくる。元気で健康な時に二線幹を描いていた人が、がんを患って余命幾ばくもないと言われて間もない頃に一線幹のバウムを描かれたとしても、それは「自己‐状態」の変化に伴う、「異常な状況における正常反応」であって、病的な表現とは言えない（岸本、二〇〇四）。まれにしか見られない指標が見られたのだから、慎重な見守りが必要なことを示すサインにはなるが、病的なサインとはいえないのである。

このように、指標アプローチは指標の重みづけから解釈に迫ろうとするアプローチであるが、その指標が何を意味するかを考える上では、正常／異常という軸ではなく、多数派／少数派という軸から、時代や文化の影響、「自己‐状態」の在り方なども考慮に入れて、記述していくことが大切になってくる。

## 2　早期型の発見

筆者は、指標アプローチについて、コッホから多くを学んだ。コッホは多数の指標の中でもまず、「早期型」に注目している。早期型は臨床においても重要になってくる部分が大きいと考えるので、ここではコッホに依りながら早期型について論じることにする。

早期型は、その名の通り、発達早期に現れ、成長とともに消失していく指標である。コッホは「同一のテーマで描かれた形態の発達に関する知識は、心的な成熟状態を形式的に判断したり、いわゆる発達の遅れとか退行を明らかにしたりするのに役立つこともあろう」(Koch, 1957/2010)（五七ページ）と述べていて、早期型が、心的成熟の形式的判断、発達の遅れ、退行の少なくとも三つの異なる側面を明らかにする可能性を指摘している。

しかしそのすぐ後で、「発達系列について、テストの検定のようなものも生じてくる」（五七ページ）が、「このような形で眺められ観察されて得られる指標は、先入見をもたずに見た場合の偶然性とか感動を取り去って、ほとんど、尺度によって判断することになり、そのために、全体をじっくりと眺めることによって得られる直観の価値が無視されてしまう」（五七ページ）と、指標のみに頼ってバウムを解釈することの危険性について警告している。指標アプローチを行う上ではこのことは常に心に留めておかねばならない。

それでは、早期型はどのようにして発見されたのだろうか。コッホは、早期型を見出すための方法として、臨床実践による個別のケースに基づくもの、年齢の異なる調査系列を取り上げて統計処理を行うもの、そして催眠状態で描かれたバウムを利用するもの、という三つに限られるとしている（五八ページ）。しかし実際には、催眠実験から早期型を見出したようである。「早期型」の項で、「催眠実験は、最初期の描画の発達に概念を与えようという試み」（六八ページ）であると述べていて、早期型を催眠実験から見出したことがわかるし、そのすぐ後で「早期型は催眠の実験を絶対化したものだという批判がある」（六八ページ）ことを明らかにしており、そのような批判が出るくらいだから、早期型は催眠実験から導きだされた指標であることは確かであろう。

そして、その批判に対して、「それは事実ではなく、実際には、数百に上る調査の結果を踏まえたものである」（六八ページ）と述べていることから、統計調査を、催眠研究から導き出された早期型の妥当性を確認するものと位置づけていることがわかる。発達とともに消失する指標なのだから、発達系列についての調査を行うのが手っ取り早いように思うが、実際にはそうではなかった点に注目しておきたい。このことは後で早期型の意味するところを考える上で重要になってくるからである。

コッホは、いくつかの催眠実験を紹介している（五九―六七ページ）。一つは、あなたは二歳です、と暗示をかけた後、リンゴの木を描くように指示をする。その後、三歳、四歳、と徐々に年齢を九歳まで上げていき、バウムの指標の変化を見ている(表4-1)。このような実験を繰り返す中で、早期型という概念を着想し、その指標を同定していったのである。コッホが挙げている早期型の指標としては、以下のものがある。

一線幹と一線枝/水平な型(十字型を含む)/まっすぐな形/直交分枝/成長方向に伸びる枝/彷徨った枝のある二線幹/地面まで枝のあるモミ型/花型とヒマワリ型/空間倒置//幹の中に葉と実をつけた幹/樹冠がなくて短い枝のある幹/幹上直/水平枝/空間倒置/小さい樹冠のある長すぎる幹/小さい樹冠のある短くて太い幹、すべて幹上直/暗く塗った幹と枝/幹の根元がまっすぐで幹下縁立/積み重ね型、建て増し型/さまよい/〔目と手の〕協応の不足/ステレオタイプ/根(条件付でのみ、早期指標)/多くの風景/大きすぎる実と葉、多くの木を描く(六八―六九ページ)

この中で、下記の項目については、発達研究の結果を示しながら、個別に論じている(七三―八九ページ)。

一線幹/一線枝/二線枝/直線枝/水平枝/十字型/空間倒置/日輪型や花型/低在枝/枝が無くて上端が閉じた幹、あるいは貧弱な枝のある上端が閉じた幹/幹上直/幹下縁立/まっすぐな根元/その他

**表4-1**　（Koch, 1957/2010）

| 2歳 | 3歳 | 4歳 | 5歳 | 6歳 | 7歳 | 8歳 | 9歳 |
|---|---|---|---|---|---|---|---|
| 上下のなぐり描き | 上下のなぐり描き<br>円錯画 | | | | | 幹上直 | 幹上直 |
| | 一線幹 | 一線幹 | 一線幹 | 一線幹 | 一線幹 | 二線幹 | 二線幹 |
| | 一線枝 | 一線枝 | 一線枝 | 一線枝 | 一線枝 | 一線枝 | 二線枝 |
| | モミ型幹 | モミ型幹 | モミ型幹 | モミ型幹 | モミ型幹 | 樹冠と幹が分離 | 樹冠と幹が分離 |
| | 水平枝 | 一部水平枝 | | | 成長方向に伸びた分枝 | 成長方向に伸びた分枝 | 成長方向に伸びた分枝 |
| | 直線 | 直線 | 直線 | 直線 | 直線 | 直線 | 直線 |
| | | 上に伸びる主枝 | 上に伸びる主枝 | 上に伸びる主枝 | 上に伸びる主枝 | 上に伸びる主枝 | 上に伸びる主枝 |
| | | | 直交分枝 | 直交分枝 | | | 直交分枝 |
| | | | | 実 | 地面線 | 地面線 | 地面線 |
| | | | | 黒塗り | | | |

### ／多数の木を描くこと

バウムテストの解釈を行う者は、これらの各早期型の頻度が年齢によってどのように変化するかを大雑把にでも把握しておかねばならない。たとえば、コッホの調査によれば、先に述べたように一線幹は幼稚園に入る段階（六歳）ですでに一％以下となっているが、一線枝は幼稚園で六〇％程度、一〇歳を超える頃までに二割程度に下がった後は、成人してからも概ね一割から二割程度はみられる。したがって、一線幹と一線枝の重みづけはまったく異なる。水平枝は、特に全水平枝は全年齢を通じて極めてまれに散発的に見られる程度だが、直線枝は幼稚園（六歳）で三割弱、十字型は幼稚園（六歳）で一割に見られたのが、いずれも一〇歳を超える頃には数％以下になる。幹下縁立は幼稚園（六歳）で七四・三％から始まり、徐々に減少して一二歳を超えるとほとんど消失する。このように、指標ごとの大まかな頻度と増減の傾向を知っておかねばならない。

## 3　早期型の意味するところ

これまで、コッホの五八指標を網羅的に検討する研究はあっても、その指標の重みづけに配慮し、早期型のような指標に注目するということはあまり行われていなかった。さらに、早期型が発達研究ではなく、催眠実験から提唱されるに至ったことに注目した論考はなされていないが、早期型が催眠実験に由来するという点は、早期型が意味するところを考える上で非常に重要になってくる。

描き手の年齢には不相応な早期型の指標が認められる場合、どのような解釈が可能であろうか。コッホは、発達が遅れている可能性と退行の可能性が考えられると論じている。催眠実験によって早期型が容易に誘発されることを認識していたコッホは、成人でも、少し退行した状態におちいれば早期型が容易に表れると考えていた。というのも、催眠状態で年齢を上げていく時には一二歳で現れた早期型の指標が、二〇歳、一九歳、一八歳と年齢を下げていく時には、早くも一九歳で現れることを見出していたからである。時間軸に添って順行する時には早期型の消失にはある程度の時間がかかるが、逆行する時にはすぐに（つまり年齢がそれほど遡らなくとも）早期型が出現するのである。コッホは、この現象を、ボールは自ら階段を上がっていくことはないが、転がり落ちるのは早いことに喩えている（一一二―一一三ページ）。

バウムテストは、比較的再検査信頼性が高く、その指標は短期的には安定していると見なされることが多い。しかし、それは健常者を対象とする調査結果に基づくものであり、心理臨床家や精神科を訪れるクライエント‐患者の多くは、強い心理的ストレスや緊張、葛藤に曝されており、退行しやすい状態、あるいは退行することで自らを守らねばならない状態にあることは容易に想像される。そのような「自己‐状態」の変化に伴って、早期型の指標が現れたとしても不思議ではない。したがって、早期型が見られるからといって即発達の遅れと捉えるべきではない。

ところで、これまで「退行」が何を意味するかについては触れずにきたが、このあたりで「退行」についても考えておく必要があるだろう。コッホの基礎にはユング心理学がある。したがって、「退行」も深層心理学的な概念を下敷きとしている（一〇七―一一一ページ）。実際、コッホは、神経症について、「一族と個人の物語の歴史の中でも特に、古い行動様式が再演されている。退行が問題であり、この新しい概念は、子どものような原始的な世界の状態がもう一度もどってきたような振舞いが再演されることを、まさに表している」（一〇七ページ）と説明しているが、これはP・R・ホフシュテッターの『深層心理学入門』からの引用である。

この「子どものような原始的な世界の状態がもう一度戻ってくること」が退行にあたるのだが、描画表現において「早期型」の出現は「子どものような表現が戻ってくること」によく呼応しており、退行の表現と見なすことができるというわけである。

そして、退行から抜け出すこと、すなわち神経症を克服することについては、『心理学と錬金術』（原著、九七ページ）から「退行とは歴史的・遺伝的なもろもろの決定要素への溶解を意味し、その桎梏から逃れるためには、多大な努力をする以外、道はない」というユングの言葉を引用している（一〇八ページ）。コッホが神経症治療のモデルとしてユングの考え方を基礎においていたことがわかる。

しかしコッホの考察はここで終わらない。バウムに早期型を見出したら、幼児的な部分があると言いたくなるかもしれないが、早期型の本質は「幼児性」にあるのではなく、「無意識に規定され」る（一〇九ページ）という在り方にあると見抜いている。さらにコッホは再びユングを引用して、「部分的にしか意識的でない人間は多数いる。絶対的に文明化されたヨーロッパにおいても、あまりにも多数の人が、異常に無意識的であり、彼らの生の大部分が無意識な状態のまま経過している」（一〇九ページ）と述べる。

眼前のクライエントのみならず、われわれも含めて、誰しも幼児期に未発達のまま置き去りにしてしまった部分をたくさん抱えているのだから、早期型が見られるからといって、「発達が遅れている」

だの「幼児的」だのといったレッテルを貼ってむやみに被験者を傷つけるのではなく、「退行」が起こっている可能性をまずは念頭に置くべきである、そしてそれは誰にでも起こり得ることである、というのがコッホの考えであり、私もそれに強く賛同する。

さらにコッホは、「退行」に関して、必ずしも病的な側面を見るだけではなく、そこにポジティブな意味も見ている。たとえば、黒に関して、カンディンスキー（Kandinski）の「可能性のない無のようなもの、太陽が消えた後の死んだ無のようなもの、未来や希望のない永遠の沈黙のようなもの」という見方を紹介した後、「画家のこの見方には反論してもよい。黒とは暗黒、夜であり、そこから昼が生まれてくる。黒は、まだ生まれていない白いもの、生まれていない昼、生まれていないもの、成長していないもの、まだ閉じ込められたままのものである。母の懐の暗闇から人は生まれてくるが、無意識の夜から徐々に意識の明るさが目覚めてくる。無意識は常に可能性、意識されるようになるものを持っている。黒は『未来のない沈黙』ではなく、未来を伴うものである」（二〇八ページ）と述べて、創造的退行の可能性をそこに見ている。

かくして、バウムに早期型の指標が見られた場合、まずは統計調査に基づいてその重みづけを考慮に入れ、年齢不相応の場合は発達の遅れと退行の可能性を検討することになる。ただし、そこに退行を見る場合でも、病的退行と創造的退行の両面を想定しておく必要がある。これら形式的な面に加えて、その内容については記述アプローチによって明らかにしていくということが求められる。

なお、指標に関しては、統計的研究が行いやすいので、発達研究だけでなく、さまざまな病態や文化圏を対照させた比較研究がなされてきた。これらの知見をどう取り入れるかについては、幹先端処理を例に第5章で論じることにする。

## 4　現在の日本の早期型に関する標準データ

指標アプローチは指標の意味を明らかにしないが、指標の重みづけをする、と述べた。重みづけをするにあたっては、参照すべき標準データが必要となるが、ここで一つの問題に突き当たる。現代の日本の標準データがないのである。

コッホが『バウムテスト第二版』[13]（Koch, 1954）を出版してから六〇年以上が経過している。コッホのデータは一九五二年のすなわち今から六〇年以上前のスイスのデータであり、時代的影響や文化的影響を考えると、今なおコッホのデータを現在の標準とすることには問題がある。

わが国では、この間、一九六八年に一谷ら（一九六八）の調査報告があるものの、その後は発達指標に関するまとまった研究はほとんどない。この四〇―五〇年間に、早期型をはじめとする発達指標の出現率に変化が生じている可能性は十分にあるが、その検討がほとんどなされていないのである。

このような状況の中、岸本幹史が二〇一一年に小学生から高校生を対照としたバウムテストを実施し、筆者とともに結果を論文にまとめた（岸本・岸本、二〇一二）。この研究は各学年の人数が一クラスと多くないため、その結果をそのまま現代の日本の標準データとすることには限界があるが、それでも、その結果が示すところによると、コッホや一谷のデータと比較して変化が生じている指標もあり、問題提起と今後の研究を促したいという思いも込めて、本章でそのデータを紹介しておきたい。繰り返しになるが、対象人数が多くないので、あくまで参考程度と捉えていただきたい。

## ■従来の研究の概観

結果を示す前に、まずわが国におけるバウムテストの発達研究の歴史を簡単に振り返っておく。わが国へのバウムテストの導入は一九六〇年代で、コッホの翻訳本（初版の英訳からの重訳、以下『緑本』）の出版は一九七〇年であるが、この『緑本』では、二線幹の頻度を七五％（実際には二線枝）としたり、T幹（モミ型幹）をT字型幹とするなど、致命的な欠陥を多数抱えており、発達研究の基礎資料として用いるには問題がありすぎる翻訳であった（中島、一九八五）。ただ、この『緑本』には、コッホの『バウムテスト第二版』以降に掲載される五八項目の指標に関

(13)　コッホは一九五四年に『バウムテスト第二版』を出版したが、そこで初めて、大規模な発達調査の結果が紹介された。この調査は一九五三年一月から三月にかけて実施されたもので、早期型を含む五八の指標については年齢別の頻度を一覧表にしたものが巻末に付された。

する出現頻度の表は収載されていなかったため、日本の研究者は、第二版以降のドイツ語原著を参照しながら研究を行った（と推測される）ことが、不幸中の幸いであったといえよう。（『緑本』は『バウムテスト初版』（ドイツ語原著）の英訳からの重訳であり、初版出版時には統計調査はまだおこなわれていなかったため、『緑本』には一覧表が載っていなかったのである）。

『緑本』の出版の前後にわが国でも発達研究が行われている。一九五八年から二〇〇九年の間に報告されたバウムテストに関する論文六九六本を検討した佐渡ら（二〇一〇a）のレビューによると、発達の要因について検討した論文は三二本（四・六%）であったとのこと（図4-2）だが、筆者が調べた範囲では、発達指標を検討している論文は二四本であった（佐渡の論文では三二編が明示されていないので、筆者自身が全論文にあたり検討した。なお、他の八本は幹高・樹冠高を検討したものや空間領域の使用量を検討したものなどであった）。

このうち、深田（一九五八、一九五九）は、幹、枝、葉、根、実、花の各項目が描かれたかどうかを検討しているシンプルなものである。山中・中井（一九七〇）は縦断研究を行っているが、二年分のデータしか示されていないため指標の変化を追うことは難しい。山下（一九八一）は未熟型／成熟型という独自の分類を提唱して検討しているが、個々の指標についてのデータは示されていないため比較ができない。

その他は、対象年齢が限定されていて（幼児・幼稚園のみ［中島ら（一九八二）、滝口・原田（一九

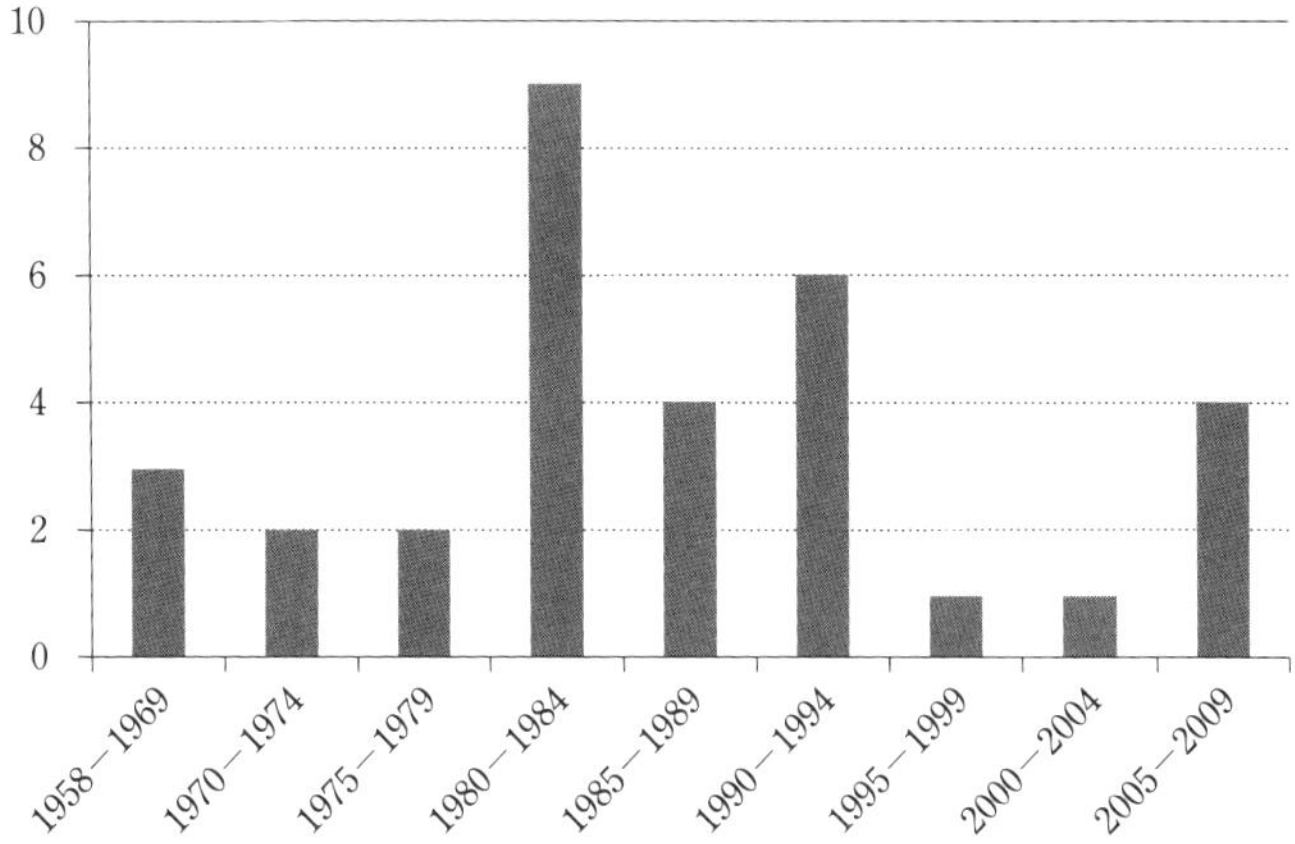


**図 4-2　発達の要因に関する論文数**（佐渡ら，2010a をもとに作成）

八二）、中島（一九八三、一九八四）、津田（一九九四）、山田・上野（一九九四）、古池（二〇〇八）、岸川（二〇〇八）〕、小学生のみ〔中田（一九八二、一九八三）、長屋（一九九九）、浪岡・奥山（二〇〇四）、依田（二〇〇七）〕、中学生のみ〔中村・福島（一九八五）〕、成人・高齢者〔谷口（一九七九）、小林（一九九〇）、佐々木・柿木（一九九八）〕〕、指標の発達に伴う経時的変化を評価するには不十分なものが多い。特に、小学生を対象とする研究では、一学年ごとの変化を検討したものは一谷ら（一九六八）と中田（一九八二）のみで、他は、低学年／中学年／高学年に三分する〔国吉ら（一九六二）、依田（二〇〇七）〕か、低学年／高学年に二分〔浪岡・奥山（二〇〇四）、桑代（二〇〇五）〕して検討されていて、年齢区分が粗いという問題がある。

　このように、四〇年以上前の一谷ら（一九六八）の論文、もしくは三〇年前の中田（一九八二）の論文（ただし、対象が小学生のみ）以後、わが国において発達指標の標準となるべきデータは示されていないというのが現状である。

## ■方　法

### 調査対象

二〇一〇年に京都市内の公立小学校、公立中学校、公立高校の生徒を対象としてバウムテストを実施した。小中高いずれも市内の公立の学校であり、学力的には平均的なレベルと考えられる。調査対象となった学年別のバウムの枚数は表4－2のとおりで、比較するコッホ（一九五四：文献としては第三版〔Koch, 1957/2010〕を参照）と一谷ら（一九六八）の学年別の人数も併せて示す。一谷らのデータも、一学年約七〇名と決して多いとはいえない。

また、コッホは基本的に一人の生徒に二枚の絵を描かせている点も注意すべきである。なお、コッホのデータでは、幼稚園が六、七歳、小学校一年が七、八歳と、日本の場合と比べると年齢と学年が一年ずれているので、データを比較する際には、年齢を合わせた。すなわち、たとえば日本の小学二年のデータと比較されるのは、コッホの小学一年のデータということになる。

**実施方法**

各学校の校長に研究計画書を示し、主旨を説明し了解を得た。その後、担任の教師に実施要領を説明して、各クラスで集団法にて実施をした。具体的には、「実のなる木をできるだけ丁寧に書いてください。上手下手を見るものではありません。人の絵は見ないでください」と書かれたA4の紙を配布し、裏面にバウムを描いてもらった。五分後に回収し、質問が出た場合には「自由に描いてください」と答えてもらうようにした。鉛筆は各自が持っているものを使ってもらい、硬さは指定しなかった。

表4-2　調査対象の人数分布　（　）内は性別の内訳（男／女／不明）

| | コッホ（1954） | 一谷ら（1966） | 岸本・岸本（2012） |
|---|---|---|---|
| 小1 | 255 | 75 | 23（12/11） |
| 小2 | 216 | 73 | 30（16/13） |
| 小3 | 229 | 71 | 31（14/17） |
| 小4 | 221 | 74 | 28（14/14） |
| 小5 | 211 | 71 | 25（12/13） |
| 小6 | 216 | 72 | 36（21/15） |
| 中1 | 243 | 71 | 33（16/16/1） |
| 中2 | 204 | 73 | 35（18/17） |
| 中3 | 183 | 67 | 25（12/12/1） |
| 高1 | | | 39（26/13） |
| 高2 | | | 40（27/13） |
| 高3 | | | 22（7/15） |

**調査項目と比較対象**

回収されたバウムの、以下の指標の有無を調べ、学年ごとにその出現率を算出した。指標の有無の判定は研究者二名が独立に行い、一致しない場合には協議の上判定を行った。検討した項目は以下の通りである。

早期型：一線幹、一線枝、直線枝、直交枝、水平枝、十字型、空間倒置、日輪型・花型、低在枝、幹上直、枝先直、幹下縁立、まっすぐな根元

その他の指標：二線枝、二線幹、一線根、二線根、根なし

これらの各指標について、コッホ（一九五四）と一谷ら（一九六八）らが報告している出現頻度と比較した。この二つの論文を選んだ理由としては、上記のごとく、これまでの研究を概観すると、バウムテストの指標について、コッホの研究以外に、小学校から中学校までの発達に伴う変化を学年毎に示している論文は一谷ら（一九六八）の論文のみであったためである。中田（一九八二）も学年毎に指標の数値も示しており比較に耐えうるが、残念ながら対象が小学校のみであるため、考察において、適宜参照するにとどめた。

## ■結果と考察

各指標の出現頻度と出現率については表4－3にまとめた。表を眺めるだけでは意味のある結果を導くことは難しいので、以下、幹の下部と上部に分けて結果を整理する。

## 表4-3　各指標の出現頻度と出現率の発達に伴う変化

| | 小1 | 小2 | 小3 | 小4 | 小5 | 小6 | 中1 | 中2 | 中3 | 高1 | 高2 | 高3 |
|---|---|---|---|---|---|---|---|---|---|---|---|---|
| 人数 | 23 | 30 | 31 | 28 | 25 | 36 | 33 | 35 | 25 | 39 | 40 | 22 |
| 幹下縁立 | 14 | 12 | 16 | 23 | 2 | 17 | 5 | 6 | 6 | 3 | 5 | 0 |
| | 61% | 40% | 52% | 82% | 8% | 47% | 15% | 17% | 24% | 8% | 13% | 0% |
| まっすぐな根元 | 6 | 11 | 4 | 1 | 3 | 2 | 9 | 3 | 1 | 4 | 2 | 4 |
| | 26% | 37% | 13% | 4% | 12% | 6% | 27% | 9% | 4% | 10% | 5% | 18% |
| 一線根 | 2 | 3 | 2 | 0 | 0 | 2 | 6 | 1 | 0 | 2 | 0 | 0 |
| | 9% | 10% | 6% | 0% | 0% | 6% | 18% | 3% | 0% | 5% | 0% | 0% |
| 二線根 | 7 | 8 | 10 | 4 | 11 | 9 | 7 | 13 | 7 | 13 | 15 | 6 |
| | 30% | 27% | 32% | 14% | 44% | 25% | 21% | 37% | 28% | 33% | 38% | 27% |
| 根なし | 12 | 19 | 19 | 24 | 13 | 25 | 20 | 21 | 18 | 24 | 25 | 16 |
| | 52% | 63% | 61% | 86% | 52% | 69% | 61% | 60% | 72% | 62% | 63% | 73% |
| 一線幹 | 0 | 0 | 0 | 0 | 0 | 0 | 0 | 0 | 0 | 0 | 1 | 0 |
| | 0% | 0% | 0% | 0% | 0% | 0% | 0% | 0% | 0% | 0% | 3% | 0% |
| 幹上直 | 7 | 2 | 0 | 0 | 0 | 1 | 0 | 0 | 0 | 0 | 0 | 0 |
| | 30% | 7% | 0% | 0% | 0% | 3% | 0% | 0% | 0% | 0% | 0% | 0% |
| 枝先直 | 3 | 5 | 6 | 8 | 3 | 0 | 1 | 0 | 1 | 0 | 0 | 0 |
| | 13% | 17% | 19% | 29% | 12% | 0% | 3% | 0% | 4% | 0% | 0% | 0% |
| 全一線枝 | 2 | 1 | 2 | 1 | 0 | 3 | 2 | 0 | 1 | 2 | 2 | 0 |
| | 9% | 3% | 6% | 4% | 0% | 8% | 6% | 0% | 4% | 5% | 5% | 0% |
| 一部一線枝 | 2 | 1 | 2 | 0 | 2 | 2 | 3 | 0 | 1 | 2 | 5 | 0 |
| | 9% | 3% | 6% | 0% | 8% | 6% | 9% | 0% | 4% | 5% | 13% | 0% |
| 一線枝全体 | 4 | 2 | 4 | 1 | 2 | 5 | 5 | 0 | 2 | 4 | 7 | 0 |
| | 18% | 6% | 12% | 4% | 8% | 14% | 15% | 0% | 8% | 10% | 18% | 0% |
| 二線枝 | 15 | 29 | 21 | 26 | 17 | 31 | 24 | 8 | 7 | 17 | 20 | 16 |
| | 65% | 97% | 68% | 93% | 68% | 86% | 73% | 23% | 28% | 44% | 50% | 73% |
| 枝なし | 7 | 0 | 11 | 1 | 7 | 3 | 10 | 26 | 14 | 20 | 20 | 7 |
| | 30% | 0% | 35% | 4% | 28% | 8% | 30% | 74% | 56% | 51% | 50% | 32% |
| 直線枝 | 5 | 8 | 3 | 2 | 0 | 0 | 4 | 0 | 0 | 1 | 0 | 0 |
| | 22% | 27% | 10% | 7% | 0% | 0% | 12% | 0% | 0% | 3% | 0% | 0% |
| 水平枝 | 3 | 2 | 0 | 1 | 0 | 1 | 1 | 0 | 0 | 0 | 0 | 0 |
| | 13% | 7% | 0% | 4% | 0% | 3% | 3% | 0% | 0% | 0% | 0% | 0% |
| 十字型 | 1 | 0 | 0 | 0 | 0 | 0 | 0 | 0 | 0 | 0 | 0 | 0 |
| | 4% | 0% | 0% | 0% | 0% | 0% | 0% | 0% | 0% | 0% | 0% | 0% |
| 直交枝 | 3 | 2 | 0 | 1 | 0 | 0 | 2 | 0 | 0 | 0 | 0 | 0 |
| | 13% | 7% | 0% | 4% | 0% | 0% | 6% | 0% | 0% | 0% | 0% | 0% |
| 空間倒置 | 6 | 7 | 3 | 3 | 1 | 1 | 0 | 0 | 0 | 0 | 0 | 0 |
| | 26% | 23% | 10% | 11% | 4% | 3% | 0% | 0% | 0% | 0% | 0% | 0% |
| 低在枝 | 5 | 6 | 2 | 3 | 0 | 2 | 2 | 0 | 0 | 0 | 0 | 0 |
| | 21% | 20% | 6% | 11% | 0% | 6% | 6% | 0% | 0% | 0% | 0% | 0% |
| 複数の木 | 2 | 0 | 0 | 1 | 1 | 0 | 0 | 3 | 0 | 0 | 1 | 0 |
| | 9% | 0% | 0% | 4% | 4% | 0% | 0% | 9% | 0% | 0% | 3% | 0% |
| 日輪型 | 0 | 0 | 0 | 0 | 0 | 0 | 0 | 0 | 0 | 0 | 0 | 0 |
| | 0% | 0% | 0% | 0% | 0% | 0% | 0% | 0% | 0% | 0% | 0% | 0% |

**根元の表現**

根元の表現について、コッホや一谷らのデータと比較したのが図4-3〜図4-7である。一線根と二線根については、一谷ら（一九六八）は両者を区別して示していないため、コッホとの比較にとどめている。また、図4-5の「根なし」については、コッホはデータを直接示していないが、一線根と二線根のデータは示しているので、総数からこれらの度数を引いて算出した数値に基づいてグラフを作成した。

これらを見ると、根元の表現については二つの傾向が認められる。二線根はコッホよりも多く（図4-4）、根なしはコッホ、一谷らよりも少ない（図4-5）ことから、根元についてはコッホ、一谷らの時代と比べると、表現しようという意識が増し、より成熟した表現（二線根）をするものが多くなっていることが示唆される。

一方で、一線根は小三くらいまではコッホよりもやや多く認められ（図4-3）（なお、一線根の中学における一過性の上昇については後述）、低在枝もコッホ、一谷らよりも多くみられ、遅くまで残っている（図4-6）など、根元の表現の成熟が遅れていることを示唆するデータも認められる。幹下縁立についても、一谷らよりはやや早めに減る傾向がありそうだが、コッホのデータよりは減少が遅れる傾向にある（図4-7）。低在枝を描いた生徒の表現を検討すると、その三分の二は根なし、

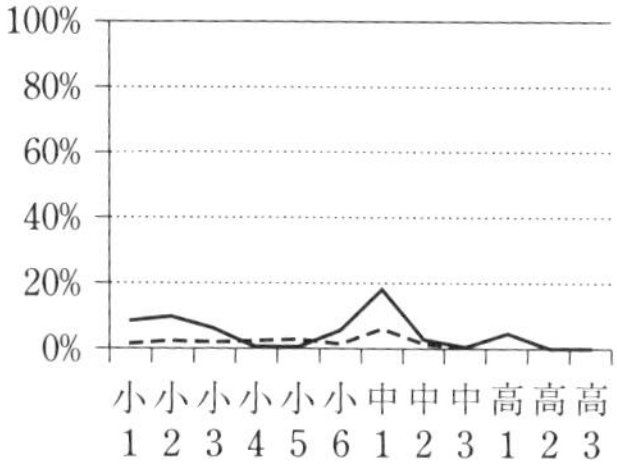


図 4-3　一線根

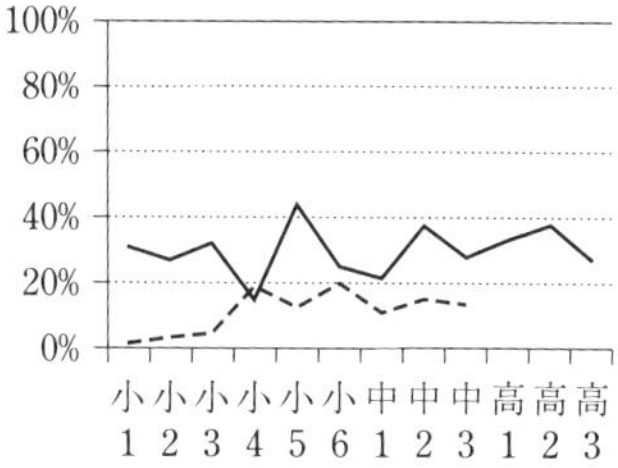


図 4-4　二線根

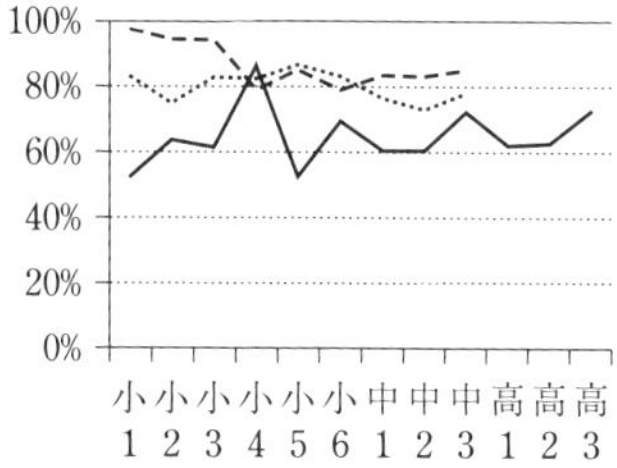


図 4-5　根なし

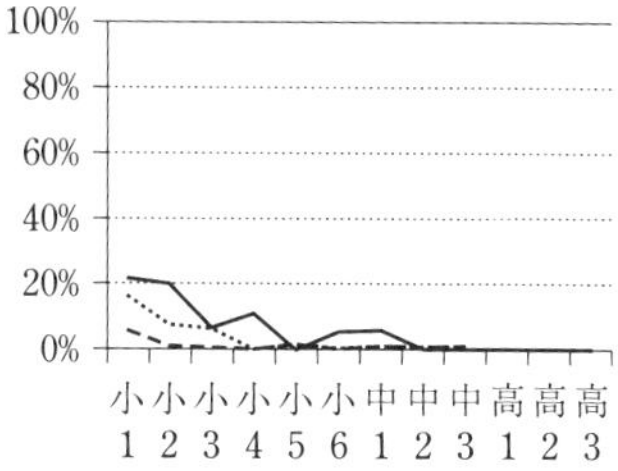


図 4-6　低在枝

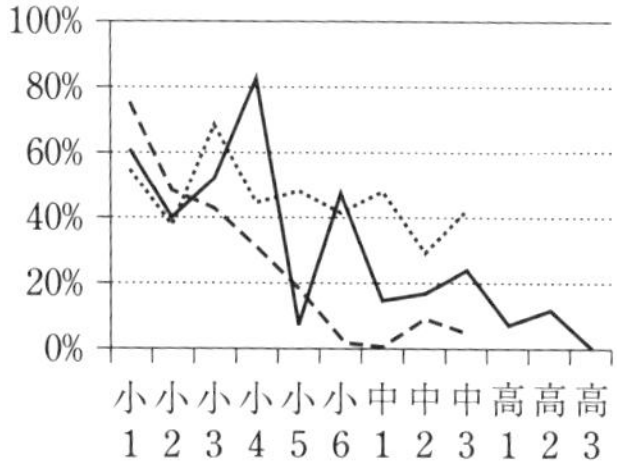


図 4-7　幹下縁立

岸本・岸本（2012）
コッホ（1954）
一谷ら（1968）

もしくは一線根であり、幹下縁立の群は、定義上、根を表現していないので、根元の表現に遅れがみられるこれらの群の多くは二線根を表現する群とは異なると考えられる。

したがって根元の表現については、コッホの時代よりも成熟が早くなっている群と遅くなっている群への二極化の傾向があることが示唆される。これはもちろん指標のみに注目した解釈であって、それ以上でもそれ以下でもない。

ちなみに中田（一九八二）の報告を見ると、六四項目について学年毎の頻度が示されている。これを見ると、一線根は数％前後、二線根は八―一九％とほぼコッホのデータと同じであり、低在枝もコッホとほぼ同じような数値を示している。一方、幹下縁立については小一で二〇％、小二で四七％、その後は五〇から六〇％と、一谷らと同じか、もしくはそれよりも高い所で推移する結果となっている。一九八二年時点での中田のデータは、根元に関しては、コッホや一谷らのデータと大きく変わるところはないといえる。したがって、本研究で見られた根元の表現に関する結果の違いは、それがもし現代の日本のバウムに一般的に認められる傾向を反映するのであれば、この三〇年で生じたものと考えるのが妥当であろう。

## 幹上部と枝の表現

根元とは対照的に、幹上部と枝の表現はコッホのデータと比較すると、表現が早く成熟する傾向がある。全一線枝（すべての枝が一線枝）はコッホと比べると少なく，一谷らと比べてもやや少ない（図4－8）。一部一線枝はコッホと同程度の少なさだが，一谷らよりも少ない傾向にある（図4－9）。一線枝全体でみてもこの三群で一番少ない（図4－10）。一方，二線枝はすでに小学校低学年から八割前後に見られ，これは一谷らと同程度だが，コッホと比べると表現の成熟がかなり早まっている印象を受ける（図4－11）。中学に入ると急に二線枝の割合が下がるが，これについては考察で検討する。

早期型である幹上直（図4－12）はコッホ，一谷らと比べて少なく減少も早い。同じく早期型である直交枝（図4－13）は，コッホよりも一谷らの方が早く減少するが，今回の結果は一谷らよりも初期値が低く，減少もやや早かった。空間倒置はコッホと同程度だが，一谷らよりは減少している（図4－14）。枝先直はコッホよりやや頻度は多いものの，コッホと同じく中学に入るとほとんど消失する。直線枝（図4－16）はコッホとほぼ同じ推移を示し，水平枝（図4－17），十字型（図4－18）はコッホと同じようにほとんど認められない。

以上をまとめると，全一線枝，二線枝については，コッホと比べると成熟が早く，この傾向はすでに一谷らの時代に見られていた。一方，幹上直，直交枝についてはコッホ・一谷らと比べて早く成熟する傾向がみられている。空間倒置については，コッホと同程度だが，一谷らよりは成熟が早い。このように，幹上部については，コッホ・一谷らと比べて，多くの指標について表現の成熟が早まって

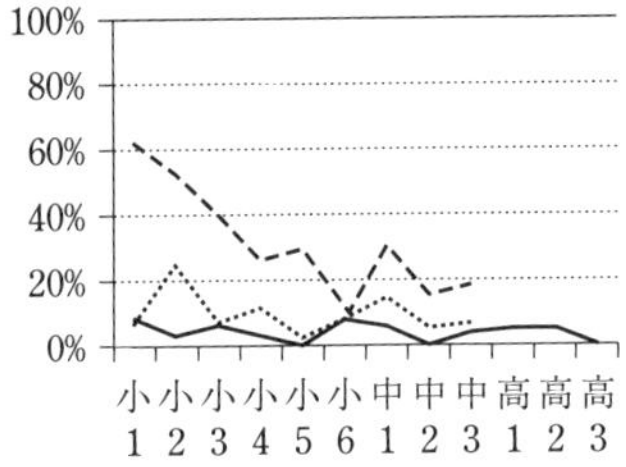


図 4-8　全一線枝

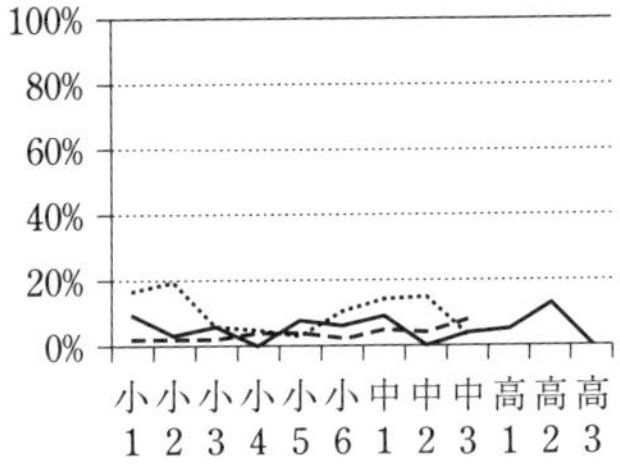


図 4-9　一部一線枝

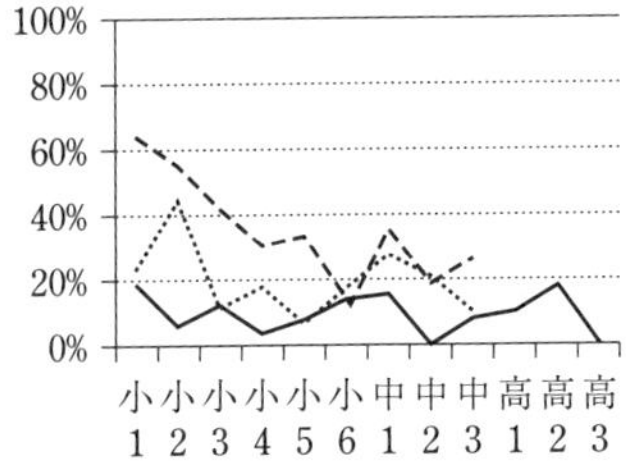


図 4-10　一線枝（全＋一部）

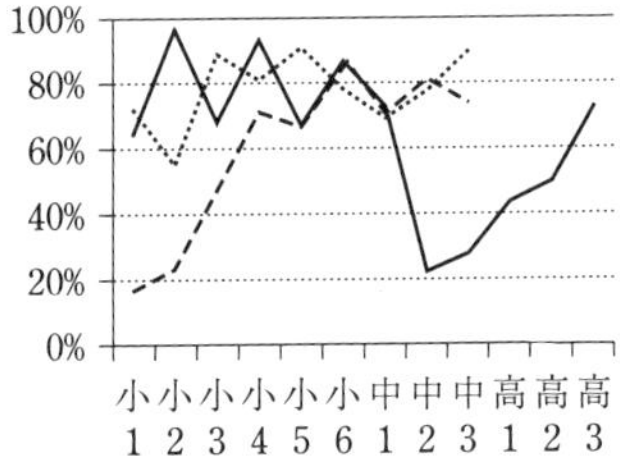


図 4-11　二線枝

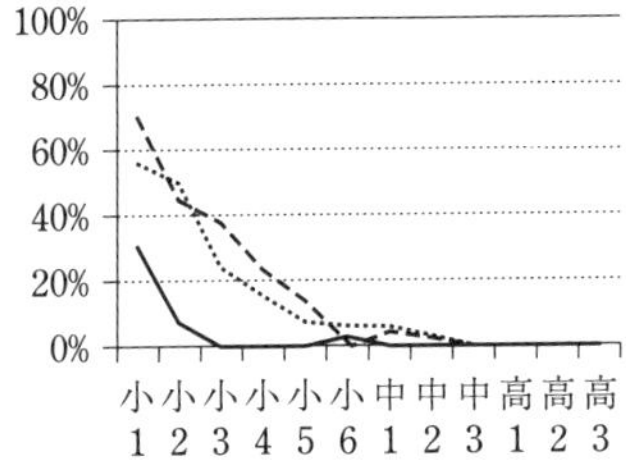


図 4-12　幹上直

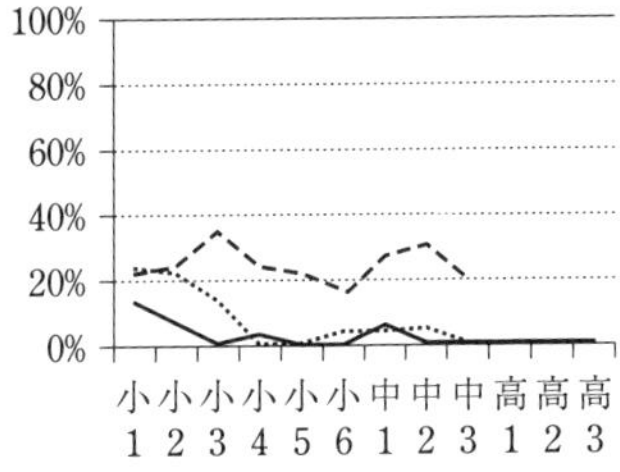


図 4-13　直交枝

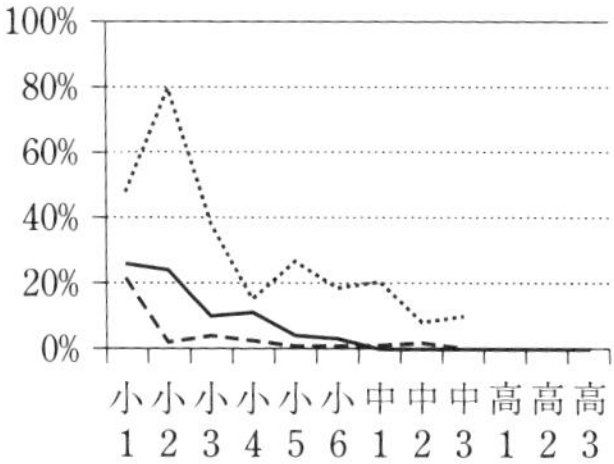


**図 4-14　空間倒置**

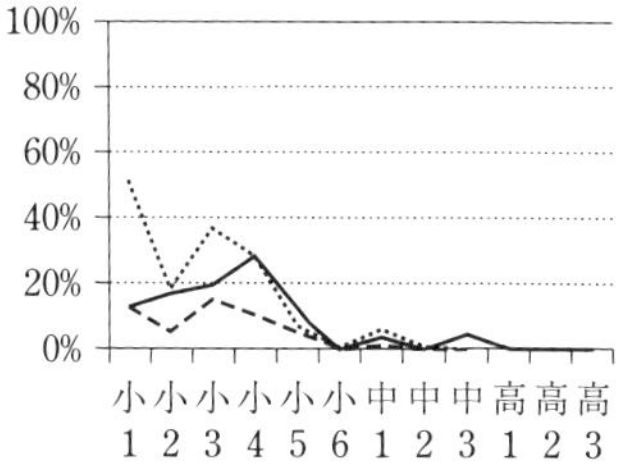


**図 4-15　枝先直**

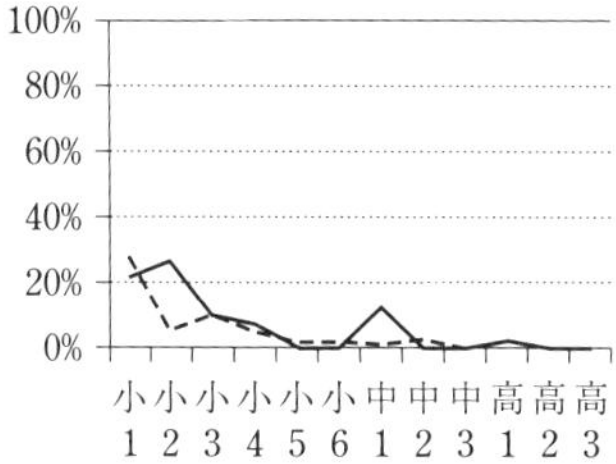


**図 4-16　直線枝**

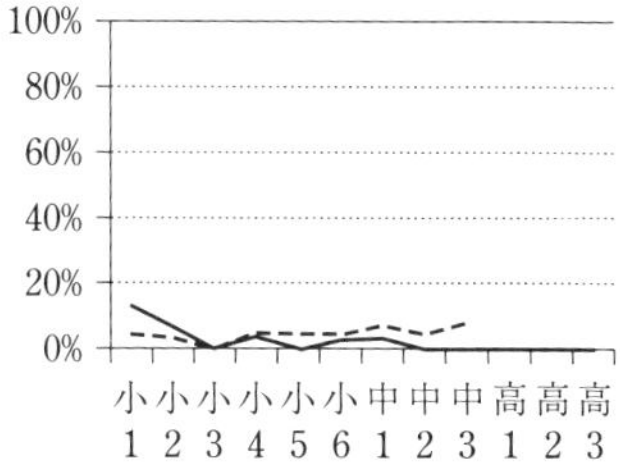


**図 4-17　水平枝**

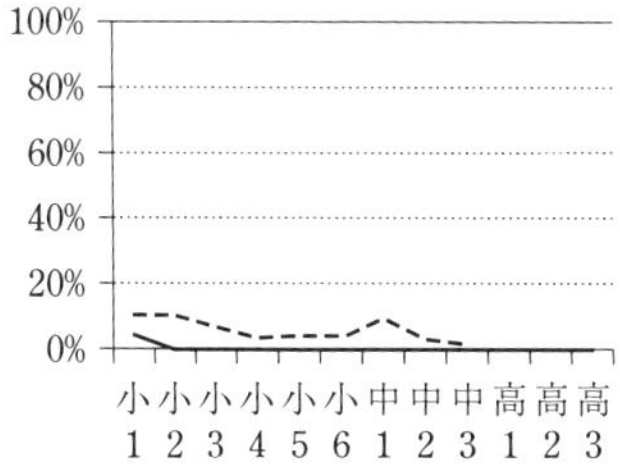


**図 4-18　十字型**

——— 岸本・岸本（2012）
- - - - コッホ（1954）
……… 一谷ら（1968）

いる傾向が認められる。反対に、木の上部の表現で、コッホ・一谷らと比べて成熟が遅くなっている指標は認められなかった。

## 時代的影響と文化的影響

今回の調査では、成長に伴う指標の推移について、コッホや一谷らの結果と比べると、変化が認められることが示唆された。幹の上部や枝の表現については、おおむね、コッホや一谷らと比べると、より早く成熟した表現がみられる傾向が認められたのに対し、幹の根元の表現については、コッホや一谷らの時代と比べて、より早く成熟した表現を行う群と、むしろ遅れる群とに二極化している傾向が示唆された。対象数が少ないので、本研究の結果をどこまで一般化できるかについては、今後追試を行った上で議論することが必要であるが、少なくとも、コッホや一谷らのデータをそのまま標準とすることには慎重である必要がありそうである。

たとえば、全一線枝は、標準児童でも一〇歳までは頻繁に見られるため「基準となる表現という点でも、早期型としての固有の性質という点でも、一線幹のようにそれ自体遅滞としての重要性は持たない」(Koch, 1957/2010) とされていた。しかし、今回のわれわれの調査では、一線枝はほとんど見られない (図4-8) ため、早期型として、一線幹と同じような重みを持つ可能性があることが示唆される。

幹下縁立と空間倒置については、コッホ（一九五四）のデータと比べると、一谷ら（一九六八）のデータは成熟に遅れがみられることが示されていた。コッホと一谷らの研究には約一四年の開きがあるが、時代的影響が少ないと判断するなら、これらの差は文化的な要因を反映している可能性がある。今回、これら二つの指標については、むしろコッホのデータに近づいている（図4-7、4-14）と判断されるので、これらの指標については、この四〇年の間に文化による差が減ってきているのかもしれない。

一方で、直線枝、水平枝、十字型については、コッホのデータと比べても、ほとんど変化がなく、これらの図式的表現は、時代や文化の差を超えた表現としての意義を持ちうる可能性がある。

## 中学生に見られる表現の揺れ

今回の調査で、もう一つ注目すべき現象として、二線枝が中学二年を底として、中学から高校にかけて激減する（図4-11）ことである。これを仮に「二線枝の谷」と呼んでおこう。この間、一線枝の表現が増えているわけではなく（図4-8、4-9、4-10）、枝の表現そのものがなされなくなっている。中学二年を底として、その後徐々に二線枝の表現は増えている。小学生は一年から六年生まで八割前後の高い割合で二線枝の表現がみられることから、表現技法の問題ではなく、むしろ心理的な要因によると考えられる。思春期を迎える前に一度内閉し、その後徐々に外界と関係を持つようになる様子が視覚的に表現されていると捉えることも可能かもしれない。

一線根や直線枝などの表現が中学一年に一過性に認められる（図4－3、4－16）ことも、この時期の内閉に伴う退行を表現しているものかもしれない。中学生に入ってこのような谷や山が一過性に見られることはこれまでまったく指摘されておらず、今後検討に値する現象であると思われる。

以上が「バウムテストの発達指標の時代的影響に関する研究」（岸本・岸本、二〇一二）の要約である。ただし、繰り返しになるが、この研究の対象は各学年ひとクラスと少ないので、この結果がどこまで現在の日本の現状を反映しているかについては、慎重に考える必要がある。より大規模な調査を行い、現在の日本におけるバウムテストの標準となるデータを確立することが、指標アプローチを行うためには必要である。

# 第5章　バウムテストの研究——指標に焦点を当てた比較研究

## 1　わが国におけるバウムテストの数量化研究

バウムテストの理解を深め、その治療的な力を引き出すためには、臨床実践を重ねるだけでなく、バウムテストに関するさまざまな知見を集約して共有していくという姿勢も大切になってくる。後者の方法の一つとして、バウムテストに関する臨床研究を行うということが挙げられる。本章ではまず、バウムテストに関するわが国における研究、特に指標に焦点を当てた数量化研究について概観し、そこに見出される問題点のいくつかを指摘して、今後の研究のあり方、臨床への活かし方について考えてみたい。

指標とは既に述べたように、バウムテストで描かれた木の絵の一部分に焦点を当て、その特徴に名前をつけたものである。たとえば幹であれば、その構造から、一線幹、二線幹といった指標が、その形状から、幹の波状輪郭、拡散し分散した幹の輪郭、幹の瘤や凹みといった指標が同定され、その有無を確認していく。

指標を同定する試みを最初に行ったのは、バウムテストを体系化したコッホである。コッホは七六の指標についてとりあげ、五八の指標については年齢に伴う頻度の変化を一覧表にしてテキストの巻末に添えた（Koch, 1957/2010）。コッホが『バウムテスト初版』を出版したのは一九四九年、日本でのバウムテストへの最初の言及は、一九五五年、外林大作による『性格の診断』の「人物画」の節に認められる（外林、一九五五、二〇〇ページ）。

その後は、児童画の研究を行っていた深田尚彦が、HTP法の樹木画のみをコッホに言及しつつ検討していた（深田、一九五八、一九五九）。一九六〇年代になると日本でもバウムの指標に着目した研究論文が徐々に増え、一九七〇年にコッホの『バウム・テスト』の翻訳が出版される（Koch/林ら訳、1949/1970）。

ここで注意すべきは、第4章でも触れたが、この林らの翻訳は誤訳の多い英訳からの重訳で、英語から日本語への翻訳における誤訳も重なって、テキストとしては非常に問題がある（中島、一九八五、一九八六、二〇〇五、二〇〇六。岸本、二〇〇五a）という点である。さらに指標の訳語に不統一や誤訳があったり、そもそも定義からして間違っている指標があったりするので、この翻訳に依拠した論文には、研究としての信頼性が疑われるものが少なくない。ここでは詳述を避けるが、中島が詳細に論じているので、そちらを参照されたい（中島、二〇〇六）。

このような状況を少しでも改善したいと、筆者らは二〇一〇年にコッホの『バウムテスト第三版』のドイツ語原著からの翻訳を出版した（Koch, 1957/2010）。誤りがないと断言できる自信はないが、一九七〇年版に見られた誤りは可能な限り正すよう努めたので、今後コッホを参照する場合にはこちらを参照してほしい。

数量化研究がバウムテストに関する研究全体の中でどの程度行われてきたかについては、佐渡（二〇一一）のレビューが参考になる。佐渡は『バウムテスト第三版』が出版された二〇一〇年をわが国におけるバウムテスト研究の一つの区切りと捉え、それ以前の、すなわち、二〇〇九年までのバウムテストに関する論文を可能な限り収集し、六九六本の論文をリストアップして検討した（佐渡ら、二〇一〇b、二〇一二）。

検討にあたって、佐渡は、これまでなされたバウムテストに関する研究を「数量化研究」と「質的研究」に大別した。前者は「何らかの指標を用いてバウムを数量的に検討したもの」で、本書でいう「指標アプローチ」の検討はここに含まれる。後者は「数量化を目的とせずバウムの読み込みから検討したもの」で、同じく本書でいう「記述アプローチ」の検討はここに含まれる。

たとえば、発達指標の推移を検討したものは前者に、事例研究は後者にあたる。これら以外にも、技法を紹介する「紹介」、論文中にバウムの図を掲載したり技法に言及したりする「提示・言及」があ

**表 5-1　方法論の分類**（$n = 696$）

| | | |
|---|---|---|
| 技法の紹介 | 46 編 | （ 6.6%） |
| 数量化研究 | 282 編 | （40.5%） |
| 質的研究 | 202 編 | （32.0%） |
| 提示・言及 | 127 編 | （18.2%） |
| その他 | 39 編 | （ 5.6%） |

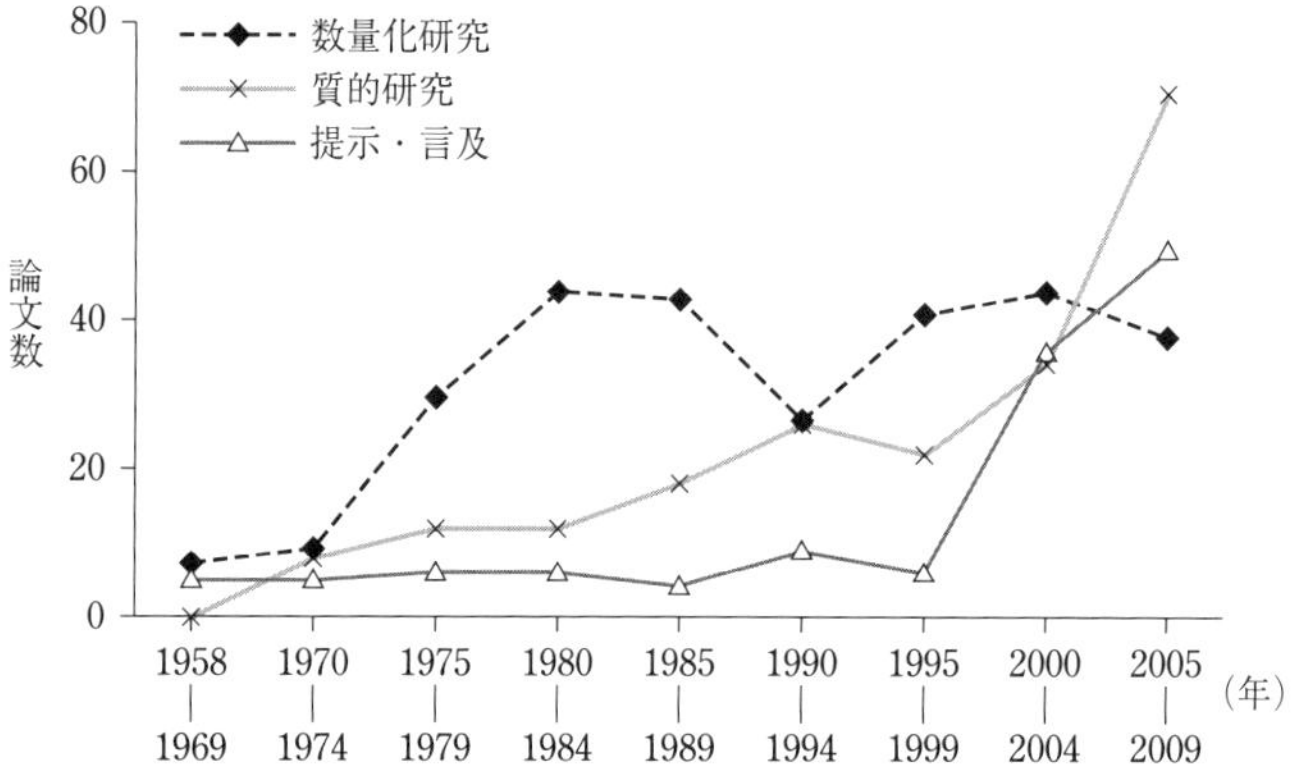


**図 5-1　研究法別の論文数**（佐渡, 2011）

る（表５－１）。論文数の推移を見ると（図５－１）、二〇〇〇年までは「数量化研究」が最も採用されていたが、二〇〇〇年以降は「質的研究」「提示・言及」が増えている（佐渡ら、二〇一〇ａ）。

　さらに研究テーマを見てみると、わが国にバウムテストが導入された当初は発達研究が多く、コッホが提唱した「早期型」をはじめとする発達指標を追試した研究が多かった。一九七〇年に入ると、人類学や生態学などの分野にも導入されるようになり、研究のフィールドも拡大した。一九八〇年代には「子どもの不適応」と「精神疾患」に関する研究が、一九九〇年代には「高齢者」に関する研究の報告が目立つ。特にこの時期は、医学系の研究雑誌でバウムに関する論文が頻繁に掲載されるようになった。二〇〇〇年以降は「治療効果」「発達障害」「外傷体験」に関する研究が増えている。

## 2　研究の動機

指標をいかに解釈につなげるかについては既に第4章で論じたので、本章では指標に焦点を当てた研究を具体的に取り上げて論じることにする。

筆者は、かつて「幹先端処理と境界脆弱症候群」（岸本、二〇〇二）という論文を書いたが、この論文では医学生と心療内科を訪れる患者の幹先端処理を比較検討した。幹先端処理については、すでに藤岡・吉川（一九七一）や山中（一九七六）といった先達の業績があり、その影響を受けて、バウムテストを行った時には幹先端処理に目を向けるようになっていた。

藤岡・吉川（一九七一）は幹先端処理に注目をしてバウムの類型化を行ったが、その中で完全開放型と呼ばれる幹先端処理がごくまれに（健常人では五％以下）見られることを報告していた。その後、山中（一九七六）が統合失調症患者のバウムの特徴として「漏斗状幹上開」、「メビウスの木」の二つを指摘した。[14]「漏斗状幹上開」は「幹上開」の中の特殊なタイプで、「上に行くほど広くなり、幹先端処理がなされず、上部が突き抜けてしまっている」木であり、「メビウスの木」とは、幹として引かれた線が上部でそのまま枝に移行しているために、幹の部分では、内側に内空間を形成していた曲線が、そのまま上部では枝として外空間を形成してしまう、という不思議な構造を持つ木である。「いわば、自我境界が敗れて、内界と外界が勝手に連絡してしまったという状態」であり、「他者からの影響が勝手に外部から進入」してきたり、「内部から自我内容が漏れ出てしまう」といった守りの薄さが図的に示されていると山中は解釈していた。

筆者は、医学生の時にこれらの論文を読んでいた。その後、臨床に携わるようになって、がん患者や心身症の患者にバウムを描いてもらうと、「漏斗状幹上開」や「メビウスの木」をふくむ開放型の幹先端処理が比較的よく見られることに気づいた。もちろんこれらの患者は統合失調症ではないが、メビウスの木のイメージを重ねながら診療を行っていると、「頑張って」の励ましの言葉のなかに「がん」の響きを聞いて怖くなるなど、周囲のちょっとした言動に過敏に反応する、といったその守りの薄さが、よく理解できると感じることがしばしばあった。

そこで、実際にがん患者や心身症の患者で、開放型の幹先端処理が統計学的な有意差を持って多く見られるのかどうかを検討したいと考えたのである。対照群は医学生に設定した。医療者と患者とで「木」のイメージが、特に幹先端処理がどのように異なるかを見るためである。このように、「幹先端処理」に関してある程度の予備知識をもちながら、臨床実践を重ねる中で抱いた感触が、本当に意味があるものかどうかを検討したいというのが、「幹先端処理と境界脆弱症候群」（岸本、二〇〇二）という論文を書く強い動機となった。

## 3　検証すべき仮説を持たないことの弊害

ところで、従来の数量化による比較研究を概観すると、研究を行うにあたって、上記のような形で、あらかじめ何らかの問題意識を持ち、疑問点を明確にして、検証しようとした研究が、あまりに少ないということを強く感じる。発達研究にせよ健常群と臨床群を比較した研究にせよ、指標の比較検討を行う前に、何らかの仮説設定を行ってそれを検証するために統計的手法を用いようとした研究はごく一部に過ぎなかった。これは、研究を行う前にじっくりとバウムを見ていないことが大きく影響しているのではないかと思われる。

予め検討すべき仮説を持とうが持つまいが、統計的手法を用いて検討し、有意差のある項目を拾い上げればよいのではないか、という意見があるかもしれない。検討する前に仮設を設定するか否か

(14)　後に検討するように、これらの指標が見られたからといって、それがそのまま統合失調症を示唆するわけではない。非常に誤解されることが多いので、ここで注意を促しておきたい。詳細は本章第5節を参照のこと。

は、統計学的検討の結果に影響を及ぼすわけではないのだから、ともかくバウムを描いてもらって、考えられる指標を網羅的に統計的検討にかければよいのではないか、そこで差がでた項目を拾い上げて検討すればよいのではないか、と考えられるかもしれない。しかし、この方法には致命的な欠陥がある。

一つは、グールド（Gould, 1981・1996/1998）がその著書で明快に示しているように、統計学的な有意差はそのまま両者の因果関係（あるいは何らかの関連）を示すものではないので、仮説を持たずに統計学的な検討を行うと、まったく意味のない連関を拾い上げる危険がある。

グールドは次のような例を挙げている。過去五年間のガソリンの値段（当時はガソリンの値段が毎年上昇していた）と自分の年齢の相関を統計学的に検討すれば間違いなく高い相関が認められる。過去五年間の地球とハレー彗星の距離も増大し続けているので年齢との間の相関を調べれば、高い相関が得られる。しかし、これらの間には何の因果関係もない。私が年をとったためにガソリンの値段が上昇したわけではないし、私が年をとったためにハレー彗星が遠ざかっているわけでもない。闇雲に統計学的な有意差を調べる場合、このような意味のない相関を拾い上げてしまう可能性があることを常に意識しておかなければならない。そこに意味ある連関があるかどうかを決めるのは統計学ではない。予め問題意識をもたずに統計学的検討を行うと、その結果に引きずられて、後付の解釈を行ってしまう危険が多いにある。

もう一つ見逃せないのが、検定の多重性の問題である。よくあるのは健常群と対照群とでバウムテストを施行し、コッホの五八指標を網羅的に検討して有意差のある項目を抽出するというタイプの研究である。このように闇雲に統計学的検討を行うと、偶然の差を拾う確率が高くなる。「指標」は独立した変数を表し、多数の指標を調べることは検定回数を増やすことになるからである（坂本ら、二〇一二）。

これは検定の多重性と呼ばれる問題で、有意水準五％で二〇個の項目を検討した場合、少なくとも一項目に偶然の有意差が見られる確率は六四％［$1-(1-0.05)^{20}=0.64$］、コッホの五八指標をすべて検討するとその確率は九五％まで高まる。つまり五八項目をなんの仮説も持たずにすべて検討すると、偶然の差を拾ってしまう危険を免れないのである。

だからこそ、バウムテストを行う中で意味があると感じられる部分、引っ掛かりを感じる部分に焦点を当て、そこに焦点を絞って、統計的検討を行う必要がある[15]。

こういったことはバウムテストに関してこれまで行われてきた指標を比較するタイプの研究において、ほとんど考慮されてこなかった。これは由々しき問題であると考えて、坂本らは筆者とともに、

(15)　もちろん、指標の頻度の年齢に伴う変化を調べるような発達研究には、この批判は当たらない。しかし統制群を設定した比較研究においては、統計学的検討を行う前にバウムをじっくり眺めて仮説を設定しなければならない。

研究法そのものに関わる問題点をまとめ、スポットライト分析という方法を提唱した（坂本ら、二〇一二）。予め検討すべき仮説を設定するということは、統計学的手法を用いるときの基本中の基本であるが、この基本が忘れられ、ただ闇雲に指標を網羅的に検討するということが行われてきたのは残念なことである。数量化研究を行うにしても、その前にまずじっくりとバウムと向き合い、統計学的手法で何を検討したいのかを予め考えておくことが不可欠である[16・17]。

## 4　先行研究を踏まえる

先行研究をしっかりと調べておくということも、論文を書く上では当然なされるべきことだが、なおざりにされていることが多いと感じる。「幹先端処理と境界脆弱症候群」（岸本、二〇〇二）では、研究の動機のところで触れた藤岡・吉川（一九七一）や山中（一九七六）の研究の他、いくつかの研究に言及している。ここでも、拙論を例に挙げながら、先行研究の意義について考えておきたい。

### ■発達的視点から

藤岡・吉川（一九七一）の「人類学的に見た、バウムによるイメージの表現」は人類学者の藤岡と内科医の吉川による論文で、『季刊人類学』という人類学の雑誌に掲載された。幹先端処理の類型を初めて提唱した論文であり、「幹先端処理」に関する出発点となった研究なので、幹先端処理を論じる際には、引用は不可欠である。

藤岡らは「バウムを一貫した態度で眺められるような、大ざっぱな視点」を求めて、幹の先端に辿りついた。それまで、バウムを分類するに当たり、特に発達的な観点から分類を行う上で、いくつかの指標を抽出し、その指標の年齢に伴う変化を観察するというタイプの研究が主流であった。既に述べたように、コッホ自身は七六の項目について言及し、そのうち五八項目については著書の巻末に年齢別の出現率を示している（Koch, 1957/2010）。このように指標に焦点を当てた研究では、指標の数が増えれば増えるほどバウム全体の印象はぼやけることになり、臨床的な実用からは遠くなる。そこで、幹先端処理に注目したのである。

藤岡らによると、幹先端処理に注目すれば、バウムの発達をかなり簡潔に類型化できるという。

---

(16)　調査を行う前に仮説を設定する場合ももちろんあるが、とりあえず描いてもらったバウム群を眺めながら仮説が生じてくる場合もある。仮説設定のタイミングについては坂本ら（二〇一二）が論じているが、スポットライト分析はいずれにも適用できる。

(17)　坂中は、「カンボジア青年のバウムに関する基礎的研究――外傷との関連に注目して」（坂中、二〇一四ａ）という論文について、その論文中では明記していないが、別の論説（坂中、二〇一四ｂ）で、筆者らの主張を意識し、スポットライト分析を用いて検討したことを明らかにしている。

三、四歳の幼児不定型と呼ばれるバウムから、四から六歳には幼型と呼ばれるバウムに移行する。六、七歳の時期には幹先端処理の移行期に入り、七、八、九歳頃には過半数が基本型（「幹先端が一本のまま細くなってそのまま閉じ、幹の上部には同じように描かれた枝がおおむね互生している」もの）をとるようになる。他に冠型（「幹先端の処理を放棄して、樹冠の輪郭を描くことで全姿の輪郭を閉じている」もの）、放散型（「幹先端処理にあたって、幹の先端をそのまま枝分かれさせる型」）などのタイプも見られる。

一〇歳、一一歳の時期にはバウムはほぼ成長を遂げ、その後は省略を交えた表現も見られるようになって、一五歳前後には成熟した成人のバウムになるとされる。さらに、彼らは、「頻度はきわめて低いがまぎれもなく目立つ類型」が一つあると指摘している。「幹先端処理による輪郭閉鎖を完全に放棄したのか、あるいはまったく無関心とも受け取れる、先端開放型」がそれである。

このように、藤岡論文には研究の動機と目的が明確に記されており、描かれたバウムをじっくりと眺める中から「幹先端」という指標が抽出されたことが、後続の研究者にもよくわかるし、幹先端処理の分類の定義がきちんと述べられているので、追試が可能である。(18)

## ■双生児研究

次に山中の双生児研究（山中、一九七三）に触れたい。この研究は、指標の解釈にあたって、素質と環境の影響を考える上で示唆に富んでいる。一四例の双生児（一一組が一卵性、三組が二卵性）が検討されている。まず、研究の前提として、「一卵性で一致率が高く、二卵性で不一致率が高いものほど素質規定性が高く、一卵性で不一致率が高いものほど環境規定性が高いと仮定する」と述べられている。

その仮定の下で、統計学的な検討を行うと、「素質規定性が高いものは、幹・枝の構成、幹の央部・根部の形態、枝の基部の形態、R／L比（Rとは幹の中央線から右側の枝もしくは樹冠の右縁までの長さ、Lは同様に左の長さ）」であり、「環境規定性の高い傾向にあるものは葉」であった。さらに一例一例の検討により、特に、幹の構造形態が、素質あるいは内的な規定性を受けやすく、一方、枝葉や果実は環境あるいは外的な規定性を受けやすいという。これらの知見から、「幹先端処理と境界脆弱症候群」（岸本、二〇〇二）で焦点があてられている「幹先端」は、素質と環境の出会う場所であるとの仮説が導き出される。

（18）たとえば、幹先端が枝分かれしていて樹冠を持つものは冠型ではなく放散型と分類されるべきだが、冠型という名前に引きずられて冠を持つものはすべて冠型と分類されることがままある。冠型は「幹先端の処理を放棄して、樹冠の輪郭を描くことで全姿の輪郭を閉じている」ものであり、冠型の樹冠を持つバウムがすべて冠型というわけではない。常に原論文に立ち返って吟味することが必要だが、特にバウムの論文に関してはそういった基礎的な作業が甘いと感じることが多い。

## ■統合失調症

藤岡・吉川（一九七一）の研究を踏まえ、山中（一九七六）は、自らの精神病院での臨床経験から、非定型精神病および精神分裂病（現在の「統合失調症」）に特徴的に見られるバウムとして、「漏斗状幹上開」、「メビウスの木」の二つを指摘した（先述）。これらは「正常および神経症ではほとんどまったくと言っていい程みられない」と山中は指摘している。出現頻度については、「どの時期にバウムを施行するかによってまったく異なるため、経験的な大体の見当しか言えぬが非定型精神病、および精神分裂病（統合失調症）で五―一〇％、躁うつ病で一％内外のようである」とされている。この研究は、精神病圏（統合失調症圏）の指標として、「漏斗状幹上開」と「メビウスの木」とを抽出したという点で臨床家の注目を集め、バウムを解釈する際の指標として重視されることとなった。ただし、山中は統計学的な検討を行っていない。

## ■生理的加齢、およびアルツハイマー型痴呆の研究

小林（一九九〇）の加齢、およびアルツハイマー型痴呆の研究も見逃せない。心身ともに健康で社会適応の比較的良好な三〇代から八〇代の五一三例の検討によると、完全開放型は五〇代までは数％（図から推測すると五％前後）にとどまるが、六〇代で十数％、七〇代で約二〇％、八〇代で二十数％

と、六〇代からほぼ直線的に増加している。すなわち、幹先端の完全開放は、生理的な加齢に伴う何らかの変化を反映している可能性がある。

さらに、同じ研究の中で、アルツハイマー型痴呆八八例と対照健常老人八六例との比較がなされているが、幹先端の完全開放は、健常群とアルツハイマー群で差はなかった。アルツハイマーの重症度別に検討もなされているが、重症度と幹先端の完全開放とは無関係であった。アルツハイマー型痴呆では、記銘力障害、見当識障害、抽象思考・判断力の障害、感情障害（主に抑うつ状態）、自発性・意欲低下といった症状が見られることを思えば、幹先端処理は、知的機能や意欲にはあまり影響されないことが示唆される。

以上が「幹先端処理と境界脆弱症候群」（岸本、二〇〇二）で言及した先行研究である。簡単にまとめれば、藤岡・吉川（一九七一）が提唱した幹先端処理の分類を受けて、山中（一九七六）は健常群では稀とされていた完全開放型のバウム、特に「漏斗状幹上開」、「メビウスの木」の二つのタイプのバウムが統合失調症圏で多く認められることを明らかにした（ただし、山中は統計学的な検討は行っていない）。

後に小林（一九九〇）が、健常者でも六〇代を超えると完全開放型のバウムが年齢とともに増加するが、認知症の重症度とは相関しないことを示した。一方、幹先端部分の意味については、山中（一九七三）の双生児研究が素質と環境という観点からヒントを与えてくれた。
これらの結果を踏まえ、筆者は、単に指標に注目して分類していくのではなく、木全体を一つのシステムとして捉えるのがよいと考えて、開放型と閉鎖型という大まかな分類とその細分類を提唱した。閉鎖型の細分類には藤岡らの分類をそのまま取り入れて、藤岡らの分類を発展的に拡大できるようにした。山中が当初統合失調症圏に特徴的と指摘したタイプの「漏斗状幹上開」、「メビウスの木」（これらは筆者の論文では開放型の細分類のうち、完全開放型と閉鎖不全型に含まれる）が、統合失調症圏のみならず、心身症やがん患者などでも見られることを指摘し、そこに共通するなんらかの「境界」の脆弱性を想定できるのではないかと論じた。なお、最近、佐渡・鈴木が幹先端処理に関するレビューも発表され（佐渡・鈴木、二〇一四a、二〇一四b）、これらの知見が丁寧に整理されている。

このように、研究を行うにあたって、問題意識を明確にして焦点を絞り、そこに関する仮説を設定して統計学的検討を行うと同時に、先行研究も丹念に見ておくことで、その研究がバウムテスト研究全体の中でどのような意義や位置づけをもち、その研究によってどういう点が新たに明らかになったのか、またそれがどのような意味を持つのかを考えることが可能となる。このような手順を踏まず、ただ闇雲に指標を検討しても、それが本当に意味のある差なのかどうか、どのような意味を持つのかといったことを明らかにすることはできないし、その結果に振り回され、いたずらに混乱を招くだけということになりかねない。

## 5　指標による鑑別は可能か？

得られた結果を臨床に活かす上でも注意すべき点がある。指標に焦点を当てた比較研究によって得られた結果を応用する上で陥りやすい落とし穴について述べておこう。

先に述べたように、山中は統合失調症患者のバウムの特徴として、二つの指標（「漏斗状幹上開」と「メビウスの木」）を指摘した。しかし、だからといって、逆は必ずしも真ではない、つまり、バウムにこの指標が見られれば統合失調症の可能性があるかといえば、そうとはいえない。つまり、この指標を、統合失調症と健常者とを区別する指標として用いることはできない、ということである。多少なりとも慎重な対応を心がけようとする治療者であれば、一つの指標から診断を下すことが危険であることは十分わきまえているであろう。

しかし、そのような漠然とした慎重さだけで「一つの指標で判断することの危険性」を認識しておくだけでは不十分である。なぜこれらの指標だけでは統合失調症と健常者とを区別できないのか、その理由を論理的に考えておく必要がある。そこまで深く考えておかないと、口では「一つの指標で判断することはできない」といいながら、実際にバウムにこの指標が見られた時、「統合失調症の可能性もあるのではないか」と心がグラつき、描き手に不安を与えたり、治療者のほうが不安になってその後の治療の展開の妨げとなるということが生じかねない。

それでは、なぜ、「メビウスの木」とか「漏斗状幹上開」といった指標だけで統合失調症と健常者とを区別できないのであろうか。たとえば後のいくつかの研究（岸本、二〇〇二。山森、一九九八。濱野・杉岡、二〇〇五。富田、二〇一一。など）で明らかになったように、これらの指標は必ずしも統合失調症に特異的な指標ではないということが一つの理由として考えられる。この指標は、後の研究で、がんや心身症、糖尿病などでも見られることが明らかとなり、この指標が見られたからといって統合失調症とは言えなくなったのである。しかし、それだけでは弱い。もう一歩踏み込んで考える必要がある。

山中は統計学的検討を行っていないが、ここで、統合失調者と健常者とを比較した仮想研究を行ってみよう。

〈仮想研究〉

目的：統合失調症患者のバウムテストに特徴的な所見を見出す。

対象：精神科外来通院中の慢性統合失調症者一〇〇名と健常者一〇〇名（年齢と性別をマッチさせる）

方法：外来受診時にバウムテストを行い、幹先端処理について検討する。具体的には、「漏斗状幹上開」と「メビウスの木」の出現頻度を調べ、χ二乗検定により統計学的有意差を検討する。

結果：上記バウムの出現頻度は健常者では一〇〇名中五名（五％）、統合失調群では一〇〇名中三〇名（三〇％）で、χ二乗検定（セルに五以下の数字があるのでフィッシャーの直接確率で検定）を行ったところ五％水準で統計学的な有意差が認められた。陽性予測値八五％、陰性予測値四二％であった。

仮に上記のような結果が得られた場合、「漏斗状幹上開」と「メビウスの木」は統合失調症患者に有意に多く認められる指標ということになる。しかし、指標の鑑別能力をみるためには、統合失調症の発症頻度を考慮に入れる必要がある。統合失調症の発症頻度を一％として、一〇〇〇〇人の集団の全数調査をしたとする。この集団では統合失調症は一〇〇人であり、その中で上記の指標を描く人は三〇名となる。一方、健常者九九〇〇名では五％がその指標を描き、四九五名にその指標が見られた。したがって、人口全体でみると、その指標を描く人の中で統合失調症の人の割合は三〇／（三〇＋四九五）＝〇・〇五七（五・七％）となる。

つまり、人口全体で見た場合、この指標を認める集団のうち、統合失調症は一割にも満たないということになるのである。だとすれば、たとえば授業などでバウムテストを行って上記の指標が見られたとしても、そのほとんどは健常である、と自信を持って判断できる。

このように論理的に考えても、一つの指標で統合失調症と健常者を識別することは不可能なのである。それでは山中の研究のような比較研究に意味が無いかといえばそんなことはまったくない。それは判別のためではなく、描き手を理解する上で大切な入り口の一つになるのである。この点については次章で詳しく論じることにする。

バウムテストの指標を鑑別のために使う場合、その判断の根拠となる研究の前提条件が満たされているか、また疾患の発生頻度を考慮に入れた陽性予測値と陰性予測値はどのくらいか、といった点をきちんとおさえた上で使う必要がある。しかしながら、わが国におけるバウムテストの研究で、これらの点を踏まえたものは残念ながら見当たらない。

## 6　結果から言えること、知見の積み重ね

「幹先端処理と境界脆弱症候群」（岸本、二〇〇二）の結果から、まず言えることは、医学生と患者群のバウムの幹先端処理を比較すると、患者群で「完全開放型」と「閉鎖不全型」の二つのタイプが有意に多く認められた、ということである。ここからいえるのは、開放型のバウムが患者の病的な特徴を表しているということではなく、両者の間で、幹先端処理のやり方に違いがあるということであ

る。ここに正常／異常という軸を持ち込むのは先の仮想研究からも明らかなように行き過ぎである。人口全体で見れば、「完全開放型」や「閉鎖不全」を描く者の圧倒的多数が健常者ということになるからである。そうではなく、「木」という言葉から連想されるイメージにこれだけの差が生じるのだから、普段のコミュニケーションにせよ、病状説明にせよ、細心の配慮を持って慎重に対応することが求められる、と受け取れば、この所見を治療に活かすことができる。

そして、開放型の幹先端処理をどう解釈するかは、数量化研究からは決して明らかになることはない。その意味は、記述アプローチによって明らかにしていくほかない。この考え方を推し進めると、バウムテストは、鑑別よりもむしろ、「見立て」においてその本領を発揮することになる。この点についても詳しくは次章で論じることにする。

一つの研究で検討されるのはごく限られた部分にすぎない。しかしたとえば、幹先端処理についていえば、最初は、バウムに成長を考慮に入れてバウムの大雑把な分類が可能になるようにと提唱された藤岡らの研究に触発され、山中が、統合失調症者の特徴として、「メビウスの木」や「漏斗状幹上開」を提唱した。

小林は成人では完全開放型が稀であるが、六〇代を超えると直線的に増加することを示した。筆者は心身症やがん患者にも「開放型」（完全開放型や閉鎖不全型）が多く見られることを報告し、佐々木（未発表）は乳がん患者と良性の乳腺疾患患者とを比べると乳がん患者に、山森（一九九八）は甲状腺疾患患者で、「開放型」が多いことを示している。

さらに、濱野・杉岡（二〇〇五）はアフリカでは健常者でも開放型が多く見られることを示している。一方で、三浦（未発表）の調査ではアトピー患者ではほとんど開放型のバウムが見られず、冠型と冠漏洩が有意に多かった。筆者ら（岸本・中島、二〇一二）は役者のバウムを検討したが、さまざまな役を演じる必要から開放型のバウムが多いのではないかという予想は見事に裏切られ、放散型のバウムが有意に多いという結果に驚かされた。

一つの研究では限定的なことしかいえなくても、多くの研究が積み重なってくると、幹先端処理の意味について、さまざまな角度から考えることが可能になる。このように、それまで発表された研究論文を概観して、どのようなことが明らかになっているのか、研究結果を集約して吟味するタイプの研究論文を総説（レビュー論文）と呼ぶが、佐渡（二〇一一）も指摘するように、バウムテストに関する総説が乏しいことも残念なことである。今後の課題としたい。

# 第6章　コッホにとっての「心理診断」

## 1　はじめに

本章では、バウムテストを体系化したコッホ（Karl Koch, 一九〇六―一九五八）にとって、「心理診断（Psychodiagnose）」がどのようなものを意味していたかを、意味論的分析（Izutsu, 1959. 井筒、一九七二、一九九二）の手法によって浮き彫りにしたいと思う。というのも、コッホの原著『バウムテスト第三版』（Koch, 1957/2010）の副題は「心理診断の補助手段としてのバウム画研究」となっており、コッホがバウム描画を「心理診断」の補助手段と位置づけていたからである。しかしそこで問題とすべきは「心理診断」という言葉にコッホがどういう意味を込めていたか、である。

林らはこれを「人格診断」と訳している（Koch/林ら訳、一九七〇）が、はたしてコッホにとっての「心理診断」とは「人格診断」なのだろうか。さらに、その場合の「診断」とはどのようなものであろうか。あるいは、現代のわが国における心理臨床の世界においては、「診断」という言葉の代わりに「見立て」とか「アセスメント・査定」という言葉が使われることも多いが、コッホにとっての「心理診断」とは、「心理アセスメント・心理査定」に相当するものだろうか、それとも「見立て」なのだろうか。

少なくとも、コッホがわざわざ「心理診断」という言葉を使っていることから考えると、医学的な意味での診断を想定していたのではないことが察せられる。このような問題意識を出発点として、本章では、コッホが「診断」、特に「心理診断」という言葉にどのような意味を込めていたのかを、意味論的分析の手法を用いて明らかにしてみたい。

## 2　方法：意味論的分析

意味論的分析とは、言語や時代が異なるテキストにおける概念を、その著者の意図に即して理解するための方法である。井筒は、アラビア語の原典に出てくる善とか悪の道徳概念を、われわれの道徳観念から評価するのではなく、原典に添って理解するために、意味論的分析という方法を用いた。これは、言葉の意味を正確に把握するために、ある言葉をそれに対応するような自国語に置き換えるのではなく、そのテキストの中でその言葉が使われている文脈を一つひとつ検討して、その言葉がどのような意味を持つかを明らかにしようとするものである。

この井筒の方法は、語の意味を、「原典をして語らしめる方法」(牧野、一九七二)であり、読み手の観念体系に引き戻して理解するのではなく、書き手の意図をそのまま理解するための方法論ともいえる。

本稿においても、テキストの中から「診断」もしくは「心理診断」(原語はDiagnose〈診断〉、diagnostisch〈診断的〉、Diagnostiker〈診断者〉などであり、Diagnoseに派生する言葉をすべて含む)という言葉が使われている箇所を取り出し、一つひとつ検討することによって、コッホにとって「心理診断」という言葉がどういう意味をもっていたのかを明らかにしていきたい。

## 3　観察と鑑賞

診断について論じる前に、バウムを「見る」ことに対するコッホの基本的な姿勢について考えておきたい。次の箇所にはそれがよく現れていると思われる。

心理診断の目的でバウムを一枚、あるいは数枚描く描き手は誰でも、少なくとも、自分の人格が正当に扱われることを期待している。能力の不足や不注意から、仲間〔被験者のこと〕を傷つけるようなことがもしあれば、それは恥ずかしいことであるだけでなく、無責任なことでもある。誤った判断を下す危険性は、もちろん、ゼロにはできないが、どんなテストも、絶対的なものと考えるのではなく、むしろ一つの方法として利用されるならば、危険は減る。（一四九ページ）

描き手を傷つけるようなことになれば、それは単に恥ずかしいというだけでなく、無責任である、と強い口調で戒めている。既に第2章でも述べたことだが、これはバウムに取り組むときには肝に銘じておくべき言葉であろう。次に述べるバウムの分析的理解も全体的理解も、すべてこの「責任感」を出発点としていることを忘れてはならない。それを踏まえたうえで、コッホのバウムの理解の仕方を見ていくことにする。その取り掛かりとして、次の部分を見てみよう。

バウム画は、筆跡のように、全体的・直観的に把握するのが取り組みやすく、その結果、人々は個々の細部の検討に立ち入らずに、印象をすぐに言葉にしてしまう。しかし、指標の分析でさえ、事実に即した冷静な観察（Beobachten）を必要とし、それにどういう解釈を与えるかは、鑑賞（Schauen）能力に左右される。全体を把握する場合はなおさらそうである。観察は認識に通じ、鑑賞は理解に通じる。もちろん全体とは、厳密には、分析不可能なものとみなされるので、われわれができるのはせいぜい、印象を言葉にすることとくらいなのだが。（一四八ページ）

ここでは、バウムを把握するに際して、指標の分析に基づく分析的理解と、鑑賞（じっくりと見つめること）に基づく全体的理解とがあることが述べられている。そしてそれを習得するために、二つの方法があるとコッホは言う。一つは、図的表現の読みを学ぶことであり、それは主に指標の確定に基づいて行われる。もう一つは、

先入見を持たずに心にしっかりと刻み付け、「じっくりと見つめ」（anscahuen）、批判的な態度を一切捨ててただ眺める（betrachten）のがよい。見つめる（Schauen）ことから、徐々に視覚（Sehen）が生じ、違いが識別されるようになる。イメージが自ずと分化し始め、客体との距離が縮まってくる。ここで初めて、見つめること（Schauen）が批判的な観察と結びつく。（二四九ページ）

ここでは「じっくりと見つめ」ることとの必要性が強調されている。見つめるうちに徐々にその本質が見えるようになり、違いが識別されるようになると同時に、客体との距離が縮まると指摘している部分は大切であると思う。バウムを客観的に、つまり、単に冷静に、距離をとって眺めるだけではなく、バウムとの距離を縮め、いわばバウムの中に入り込むような姿勢でバウムを理解していくことの必要性を訴えているように思われるからである。

この姿勢は、冒頭の「木の文化史」という節の最後で、ユングの論文をかなり長く引用していることにも窺われるが、これについては神秘的融即という観点から既に論じた（岸本、二〇〇五a）ので本稿では省略する。客観的な見方を解剖学的な見方に喩えている箇所もある。

診断をするものにとっては、一つの体系と並行して、先入観にとらわれない視線を保つのがよく、そのような視線こそ、あまりに広くみられる解剖〔的な細部を分析していくような見方〕よりも、外観の全体を正当に評価する。もっとも、そのような解剖的な見方なしには、学問的な研究は必ずしも先に進まないのであるが。（二三八ページ）

コッホは、バウムを理解する際、解剖学にも喩えられるような冷静な客観的な見方の必要性を認識すると同時に、それだけでは不十分で、バウムをじっくりと見つめ、その距離を縮め、いわばバウムの中に入っていくような見方も必要であると意識していた。これらの二つの姿勢は、そのまま診断に対する考え方にも反映されている。このような基本姿勢を踏まえて、コッホが「診断」をどう考えていたかをみていくことにしよう。

## 4　二種類の診断

コッホの『バウムテスト第三版』（以下、「原著」と記す）の本文中で、最初に「心理診断」という言葉が出てくるのは概論の冒頭部である。

バウム画を心理診断の補助手段として用いるという考えは、チューリッヒ州、フェグスヴィルのリュッティ在住の職業コンサルタント、エミール・ユッカー Emil Jucker に由来する。彼の助言に従って、多くの職業コンサルタントがバウム画を使用してきたが、方法論の改訂が試みられたのは、その後ずいぶん経ってからのことである。（一九ページ）

バウムテストの由来についてはしばしば、ユッカーが着想し、直感的に行っていたものを、コッホが体系化した、と述べられることが多いが、上記の引用部分からは、コッホが単にバウムという方法（職業相談において木の絵を用いるという方法）だけを受け継いだのではなく、「心理診断」の補助手段として用いるという姿勢も受け継いでいることがわかる。したがって、コッホにとっての「心理診断」を理解するためには、ユッカーがバウムをどのように捉えていたかが参考になるだろう。原著の中でユッカーについて述べているのは、上記の引用のすぐ後の部分である。

絵は、たいてい、直観的に解釈された。ユッカーが私に個人的に打ち明けてくれたことだが、彼はバウムに偶然行き当たったのではなく、「文化の歴史、とりわけ、神話の歴史を十分に考察し、長期にわたる研究の末にバウムと出会った」のだという。以下の彼の考えには、テストが生み出されてくる経緯の特徴がよく表れている。「年来、おそらく一九二八年ごろから、私はこのテストを、テスト本来の評価をせずに施行してきたが、それは、少しずついくつかの経験的観察の大体のところを確かめるためであった。むしろ、本質的には、被験者の問題がはっきりしている部分を、純粋に直観に基づいて指摘するという形で、バウムテストを役立ててきた。私は自分の知識と能力の限界をよく知っているので、職業選択の診断に際して、一般の人にも、とりわけ被験者自身にも自ずと理解できるような、あるいは少なくともわずかな助けがあれば理解できるような、補助手段を探し出すことで長らく満足してきた。と同時に、人格全体を、その存在の深い層において把握する必要性、もう少し控えめにいえば、せめて漠然と察知する必要性も当然感じている。それで私は、バウムテストを選んだのである」。（一九ページ）

これを読むと、ユッカーが漫然と直観に基づいてバウムテストを行っていたのではないことがわかる。ユッカーはバウムを広く文化的神話的な背景の中で捉えていた（「文化の歴史、とりわけ神話の歴史を十分に考察し、長期にわたる研究」）し、非常に謙虚で慎重な姿勢（「私は自分の知識と能力の限界をよく知っている」）で取り組んでいた。

　ここで鍵となるのは「テストそれ自身の評価はしなかった」と述べている部分である。これは、いわゆる人格判断や性格判断としての心理テストの妥当性や信頼性の検討を、敢えてしなかったことを示しているように思われる。「純粋に直観に基づいて」というのは、バウムを要素や項目に分解して捉えるのではなく、描かれたイメージを「まるごと尊重する」という姿勢を示しているのではないだろうか。

　心理テストに限らず、テストは一般に、「判別する」ことをその目的とする。神経症であるかないか、精神病であるかないか、発達遅延があるかないか、といったことを目的とする判別のためのテストと位置づけるなら、そのための判別指標を抽出して、その特異度と感度、信頼性と妥当性などを検討することが可能である。これらは研究のデザインとしては比較的シンプルなものであり、その実施もそれほど難しいものではないだろう。

　しかしながら、ユッカーはそれをあえてしなかったのではないだろうか。「ふつうは……診断的補助手段として有用かどうか判断しようと心を決めることができる。バウムという主題との出会いは、そのような試みにはほとんど耳を貸させなかった」（二〇ページ。原著で二番目に「診断」という言葉が出てくる箇所）とコッホも述べている。バウムを単に判別のための道具としてのみ位置づけることにはユッカーはためらいがあり、コッホもそのユッカーの姿勢を受け継いでいるように思われる。三番目は次の箇所である。

〔バウムの〕外観は、直感によって入ることもできるが、ロシアの偉大な演出家、スタニスラフスキーの次の言葉も当てはまる。……「インスピレーションが働いているときには存分に演じることができる。しかし、インスピレーションは、いつも訪れるとは限らない。だからテクニックが必要となる。テクニックを十分に習得すれば、インスピレーションが働いているかどうか、観客に気づかれることはない」。診断を行うものには、その力のやりくりが求められる。方法論は労力と時間を節約する。方法論に基づいた作業が直感を呼び起こす。以上のことは、テストの使用を急ぎすぎる人は特に、銘記しておかねばならない。(二一ページ)

「方法論に基づいた作業」とは、いわゆる指標に基づいて判別をしていくような読み方であろうが、それだけでは不十分であることを強調していることからも、コッホにとっての診断が判別の結果に基づくものだけに収まらないプラス・アルファを含むものであることが窺われる。

こうしてみると、コッホにとって、「診断」という言葉は二種類の意味をもっていたように思われる。一つは、判別を目的とする診断であり、もう一つは直感によって全体を捉えるような診断である。ここでは仮に、前者を「判別診断」、後者を「総合診断」と呼んでおこう。「判別診断」と「総合診断」とは相対立するものではなく、「総合診断」は、その基礎に「判別診断」をもつという意味で、それを包含するより広い概念である。これは、斎藤（二〇〇五）が述べるエビデンス・ベイスト・メディスン（EBM）とナラティブ・ベイスト・メディスン（NBM）の関係と同じである。ユッカーは「人格全体を……漠然と察知する」ためには、「総合診断」が必要であると感じており、その姿勢がコッホにも受け継がれたのではないだろうか。

## 5　判別診断と総合診断

この後、「テスト状況」という節において、「診断」という言葉が三か所で用いられている。

> 多くの診断的補助手段は、その意図がわからないので何か裏があるのではと、被験者が不信感を抱いてしまうが、バウムの場合はそれもない。うまく描けないからと強くためらわれることもあるが、励ましの言葉をかけると描かれることも多い。（二一一—二一二ページ）

> 他の診断法と一緒に用いることに本来の価値がある。その結果は単独でも価値あるものだが、他のテス

ト結果の解釈の内容にいろいろな角度から光を当てることができるという点でも、重要である。比較的短時間にデータを集めることができ、他の方法の位置付けや他の方法で得られた結果も明確にしてくれる（と同時にそこからそれ自身の結果も明らかになる）という、まさにその事実こそ、結果それ自身の価値について触れなくとも、診断的に価値の高いことのように思われる。（二一一ページ）

前者は、コッホやユッカーがバウムテストを職業相談の場面で行っていたという事情を考慮しておかねばならない。つまり、職業相談の場面では、絵が描けるかどうかを参考にして職業を選ぶという流れの中で、心理テストとしてではなく、自然な形で導入ができることを述べているのである。後者では、他の診断法といっしょに用いることの価値が強調されている。

根源的な事柄（Urding）としての木は、それ自体、実り多いこと【訳注：Fruchtbarkeit（果実をたくさんつけること。転じて、多産、豊穣）】の象徴であるが、この自然崇拝と理解されるような象徴も、そもそもの最初から、十字象徴を含んでいる。それを診断図式との分岐点まで追及していくことも魅力的なことだが、それがより高い秩序の中で具体的なもの、感覚的なものと結び付けられ、心の宇宙、心の力の場が与えられるという予感が得られる限りにおいてのことである。近いものと遠いもの、小さいものと大きいものが、一つになって見え、外見上の矛盾も是認されているので、心理診断にちょうど適切な広さ

が与えられると同時に、重箱の隅をつつくような詮索からは守られている。（二八ページ）

ここでは、バウムがそもそもの最初から十字象徴を含んでいることを述べた後で、それを「診断図式との分岐点まで追求していく」ことに慎重な姿勢を見せている。ここでの診断図式とは、上記の分類で言えば判別診断に当たるものであろう。「分岐点」と訳したVerästlungは、「枝分かれする」という意味で、十字象徴を診断図式として使うことを枝分かれとみている。逆にいえば、診断図式としての利用は、コッホの目指している「診断」の本幹ではないということになる。このことは、次に「診断」という言葉が用いられている以下の箇所で、さらに明確になる。

全体としてこの研究は、中核徴候（早期型）は、精神医学的な横断的診断〔鑑別診断〕に何が重要であるかを、いわゆる関連徴候よりも、著しく神経症特異的に指摘することと同時に、バウムの粗雑な退行的構築障害〔中核徴候〕は、縦断的診断〔発達的診断〕の助けとなりうるということを示している。〔実際には〕これに反して、バウムテストだけを用いて、心の健康状態や単独の精神病理的状態像（神経症、精神病質、未熟性など）を満足のいく程度に分類することはできない。それゆえ、シュテッデリStädeliの研究には少し先走りの部分がある。（四九―五〇ページ）

上記は、ヘルマン・シュテッデリの論文「医学心理学的なパイロット選抜の補助手段としてのコッホのバウムテスト、および類似の方法」に関するコッホの考えを総括する部分である。そこでコッホは、バウムテストが精神医学的な横断診断や発達的な縦断診断の助けになることを認めつつも、バウムだけでは、心の健康状態や病的状態を分類することはできないと述べ、シュテッデリの先走りを戒めている。つまりバウムテストを判別診断として使うことの限界を十分認識しており、バウムテストを判別診断に使うことを必ずしも目指していないことがわかる。

## 6　判別診断への躊躇

コッホは一方で指標の重要性を認識し、早期型と彼が名づけた指標を初めとしてさまざまな指標が何を表しているかについて考えを深めるために、発達的な視点から調査を行い、統計結果について考察を行っている。その一方で、バウムテストを判別診断に使うことについては、極めて慎重な姿勢をとっている。

たとえば、「診断的な目的のためには、バウム描画の幼児的な表現型は幼児期の最初の年齢では重要ではない」（五七ページ）と、幼児不定型を診断的な目的で利用することにブレーキをかけている。部分的な遅滞とされている指標を生物学的な意味での診断に用いることにも批判的な姿勢を示していることは次の部分から明らかである。「生物学的な考察方法は、実際的診断的な実務の直接的な要求に対して、わかりやすい形で用いられるので、拒みがたい利点を有している。にもかかわらず、この立場に対しては、C・G・ユングの次の批判を避けられない。『生物学的な前提を持って無意識に入り込むものは、衝動領域にはまり込んで立ち往生することになり、そこを超えて進めないだけでなく、絶えず身体的な存在領域に押し戻されてしまうだけである』……描画表現の中に早期型を指摘できるような多くの事例は、生物学的な観察方法でも理解できるだろう。それでも、これらの徴候を比較的簡単に誘発できるという事実は、体質的な変化を主張する生物学的方法と矛盾する」（一一〇ページ）。

あるいは、「診断者が性格学的な思考の訓練を受けていなくて、表現そのものから学ぼうとしない場合、図的表現を図式的に観察するだけでは、明らかに危険である」（一二〇ページ）、「左／右の強調には、同時に、影の局在化、豊かにあるいは痩せた形に形作ること、瘤などが垣間見られ、鑑別診断に有用な指摘を与えることもできるが、もちろん必然性はなく、そうするなら、あまりにも図式的な態度である」（一二〇ページ）と述べて、指標のみに基づく図式的な理解の危険性についても、注意を促している。

さらに、催眠によって怒りを誘発した状況下で得られたバウムについて分析がなされているが、怒りがどのような形で現れてくるかを考察したすぐ後で、怒りが同じ形で表現されるわけではないと釘をさすことも忘れていない。「上述の実験は、情動表現と情動状態の理解に対して手がかりを与えてくれる。情動的な興奮しやすさが、たとえば胆汁気質〔激昂しやすい人〕の構成要素になっている部分こそ、そのような調査が有用な診断的手がかりを与えてくれるところだが、激昂そのものが、同じような記述方法で表現されるはずだと主張しているわけではない」(一二〇ページ)と述べている通りである。同じく、催眠下で得られたバウムを分析する中で、「明らかに、それぞれの描き手は、それぞれのやり方で『サディスト的』になっているが、徴候とその可能な解釈とを考慮するにしても、臨床的病像と結びつくような診断は避ける方がよいだろう。犯行につながるような要因を取り出すにしても、暫定的なものと心得ておくべきである」(一三五ページ)と述べ、ここでは、バウムを判別診断に使うべきではないと主張しているようにすら思われる。

少なくとも、原著を読む限りでは、バウムを判別診断に用いている例は原著のどこにも見当たらない。逆に判別診断に慎重であるべきことを繰り返し説いている。

## 7　分けることから重ねることへ

コッホが指標に基づく図式的な読みを重視していることは、「図式的な読みを学ばないものは、溺れてしまうことが避けられない。労苦を厭うなら、このテストからは手を引くべきである」(一四九ページ）という強い言葉にもよく表れている。しかしながら、同時に「無心になされる把握に重い価値」（一四八ページ）も置いており、それは「優れた指標の記録には既に、解釈が半分含まれているからである。つまり、あちこちに見られる指標と解釈との類似性によって、自然と解釈が与えられる」と述べている。ここに、バウムに対する判別診断とは異なる姿勢が窺われる。

コッホは「さまよい（Schweifung）＝さまよっている」（一四九ページ）という例を挙げている。ここではSchweifung（枝がさまよって「／反って」いること）がSchweifend（さ迷っている「／本筋から逸れている」）と言い換えられており、「反る」（そる）に「逸れる」（それる）という意味が重ねられている。あるいは、次の箇所では、枝が折れることと、内的な変化とが重ねられている。

> それゆえ、枝が折れる（Astbruch）こと、それどころか、おそらく幹が折れることも、内的な変化の象徴となり、もはや、未完のもの、後退させられたもの、夢想的なものと同じではない。象徴は描き手の発達段階と年齢に応じてその意味を変える。それは診断学の助けになると同時に、困難なものにさせている。心の中には、実際に変化しないものなど一つもない。（一二八ページ）

もう一つ例を挙げておこう。

描画の中で人目につくふくらみを描いた湿疹患者が、初めて心理学に対する信頼を寄せたのは、「便秘」ではありませんか（"verstopft"）〔直訳は、「詰まって」いませんか〕という推論を述べた後であった。彼は大変な便秘だったが、二〇年間、誰もそのことについて尋ねた者はなく、その生徒は仮病を使っているとみなされてきたのである。正しく診断されたので、その患者は信頼を寄せ、その信頼を頼りに自ら深く掘り下げることになった。（一六八ページ）

ここでは描画の中のふくらみを「詰まっていること」と記述し、それがそのまま、詰まっているという意味を持つ「便秘」と重ねられている。

ここでのキータームは「重ねる」である。判別診断においては診断は分類のために用いられる。つまり指標によって「分ける」ことが行われるが、コッホは「分ける」だけでなく「重ねる」事も行っており、むしろ、こちらのほうに力を入れているようにも思われる。

## 8　実際の事例におけるコッホの診断

最後に、コッホが実際に事例の中で「診断」をどのように位置付けているかを見てみたい。ここでは紙数の関係もあり、事例Aを取り上げることにする。

あらゆる細分化〔部分的にみていくこと〕から離れてバウム画〔全体〕に目を転じると、情動のバランスが取れていないことの影響がある、と診断者が述べることは可能で、ほとんど原初的ともいえる、突き動かす力（Drangkraft）〔／衝動的な力〕と突き出す力（Stoßkraft）の性質を見て取る（feststellen）ことができ、情動にはさまれて動きが取れなくなっていると診断するのはさほど困難なことではない。このような確認（Feststellung）に基づいてのみ、更なる調査の方向とやり方を決めることができ、同時に、適性に関する助言に有益な基盤を見出すこともできるし、部下の上に立つリーダーとしての適性に有益な基盤を見出すこともできる。このことは、次のように簡潔な形で述べることができる。この男性は、三週間は勇敢に戦うが、日常的な些細な問題が生じるや否や、対決をやめて帰国する兵士のようなもので、そうなると、もはや、勢いよく力任せに衝突するようなことはしなくなる。ここでは情動性が持ち合わせていた洞察よりも強くなる。この男性は、思春期の時期に過激になる若者と同じように反応している。「消化されていない（unverarbeitete）、はまり込んで立ち往生している思春期」という診断は悪くないように思われる。（二八〇ページ）

コッホは「情動に挟まれて動きが取れなくなっている」と診断している。これは、第3章でも既にみたように、幹の中央部のふくらみの解釈に由来するものである。幹の先が細くなっているのに対し、幹の中央部が膨らんでおり、幹の中を根から先端に向かって流れるエネルギーの動きを辿るなら、先端が細くなっているために「せき止められ、はまり込んで立ち往生し、跳ね返されている」（二七四ページ）と記述される。さらに「幹の中央の目立つふくらみは、それを表現したものであり、はまり込んで立ち往生していること、詰まっていること、停滞状態、阻害されていることの表現、いわゆる抑圧（Verdrängeng）〔押しのけられていること〕の表現である」ということになる。これが何故「抑圧」の表現となるかは、Verdrängeng という言葉の「押しのけられる」という意味（吉田、二〇〇四）に重ねられていることがわかれば理解可能となる。

このように幹の中を流れるエネルギーの動きを辿り、記述していくことで、自然な形で、幹の中央のふくらみが「情動に挟まれて動きが取れなくなっている」と解釈されるのである。言い方を変えれば、幹のふくらみに情動の流れが「重ねられている」のであり、これらは指標に基づく判別診断とは異なるものである。上記の引用の最後の部分の「unverarbeittete」という言葉にも、「未加工の」という意味と「仕事についていない」という意味とが重ねられているように思う。

このように、バウムの姿と描き手を重ねながら理解を深めていくことを行う一方で、判別診断に対しては、事例においても慎重な姿勢を崩していない。それは次のコッホの言葉によっても明らかである。これは「黒」という指標についての解説の中で統合失調症のバウムを紹介しているが、その事例に関連して述べている部分である。

統合失調の描画とすぐにわかるとされている「錯乱」という概念も、ここでは許容されるように思われるかもしれないが、診断は非常に慎重になされねばならない。診断が知られていてバウム画を問題とする場合は、当然、読者を驚かせて信じ込ませることなどいとも簡単にできる。病者の描画の中にわれわれが捉えるものは、病気そのものではない。とはいえ、それに対応するような指標の可能性は前もって否定してはならない。たとえば統合失調者の描画に見られる徴候は、疾患そのものが多様であるのと同じように、非常に多様である。われわれの資料からは、統一された表現を推定させるようなものは証明されない。おそらく大概は、疾患に随伴する外観だけが表現されるように思われる。退行への引力がおそらく常に併走していて、そこから生まれてくる表現が暗く塗ることであるのだろう。（二一四ページ）

ここでは、疾患に対応するような指標の可能性を前もって否定してはならないと述べる一方で、疾患そのものが多様であるのと同じように、統合失調者の描画に見られる指標も多様であり、一定の表現を推測させるようなものは証明されていない以上、判別診断には慎重でなければならないと述べている。

## 9　コッホにとっての心理診断とは見立てである

　上記の考察から明らかになったように、コッホにとっての「診断」とは、判別診断ではなく、判別診断の基礎となる指標の解釈を十分に踏まえた上での「総合診断」であり、判別し分類することを目指すものではなく、「指標」と「解釈」と「人格イメージ」（自己‐状態）とを重ねることで理解を深めようとするものである。なお、ここでいう「解釈」とは、「優れた指標の記録にはすでに、解釈が半分含まれている」という意味での解釈であり、「あちこちに見られる指標と解釈との類似性によって、自然と与えられる」ものである。

　現代のわが国の心理臨床における用語のうち、コッホにとっての診断の意味を最も汲んでいる言葉を捜すなら、それは「見立て」ということになると思われる。アセスメントや診断という言葉には「判別診断」のニュアンスが前面に出てしまう。これに対し、「見立て」は本来、「対象を他のものになぞらえて表現すること」であり、まさにあるものを他のものと「重ねること」にほかならない。

　「見立て」を精神療法・心理療法の用語として用いたのは土居健郎（一九六九、一九七七）が最初である。土居は診断という言葉に代わって、「見立て」（治療的診断）の重要性を強調する。診断が分類を目的とするものに対して、見立てという場合、「病気の種類ではなく、病気と診断される個々の患者の姿が浮かび上がってこないだろうか」（強調は引用者）と述べ、分類のための単なるレッテル貼りではなく、「患者の病状を正しく把握し、患者と環境の相互関係を理解し、どの程度まで病気が生活の支障となっているかを読み取ること」を目指す。

土居は、「見立て」の特徴として、以下の四点をあげている。第一に、病歴の聴取、診察、検査、治療などが判然と区別して行われるのではなく、したがってその順序で進むのではなく、これらが渾然一体となって同時に進行するということである。（明確に判別する姿勢とは反対に位置する）。第二に、患者のどこまでがわかっていてどこがわからないかを区別することの重要性をあげている。第三に、治療者と患者の間の、関係性の重視。これは、バウムを客観的に外から眺めるだけではなく、じっくりと見つめ、その距離を縮めようとする姿勢に通じるものであろう。そして、第四に見立ての継続性である。すなわち、見立ててから治療が始まるのではなく、見立ての行為の中に治療が始まっており、治療が進んでいる間も見立ては絶えず繰り返されている。これも「当初はわからない部分をそのまま持ちつづけ、どう理解したらいいかという問いを、何日も、何週も、何か月も、何年も、見え方の成熟過程がある地点に達するまで、問い続けていると、秘密に関わる何かが自然と姿をあらわしてくる」（Koch, 1957/2010）（二〇ページ）というコッホの姿勢と重なる。

河合（一九九六）はさらにこれを展開して、浮世絵の見立てを例に心理臨床における見立てを論じている。「見立て」という趣向が最初に流行したのは俳諧の世界であった。そこでは、前句の内容を別なものに解釈しかえて句をつける付合（つけあい）という意味（広辞苑）であった。それが江戸時代になると独特の意味を持つようになり、浮世絵などの領域に拡大されていったという。

河合が早川の論文（一九九五）から引用している鈴木春信の「風流坐鋪八景」は、中国伝来の伝統的な山水画「瀟湘《しょうしょう》八景」の「見立て」である。中国の瀟湘とは「湖南省の洞庭湖の南辺、瀟水と湘水とが合流する地域の称で、古来景勝の地として名を有し、多くの文人墨客が訪れてその景を詩画の主題とした」場所である。

たとえば「瀟湘八景」の第五図「漁村夕照」では、漁村の夕照の景色が見事に描かれているが、春信の「風流坐鋪八景」の第五図「行灯夕照」では、「階段下の小部屋で亭主が浮気の真最中。そこへ行灯を手に女房がまさに踏み込んだ拠。女房は岩田帯を締めてゐるから妊娠中と判る。とすると、亭主の浮気の相手は手伝いの娘でもあろうか」という図になっている。中国古来の景勝の地の夕照の風景を、亭主が浮気をしているところに女房が踏み込んだ場面を描いた春画に「見立て」ているのである。本稿の文脈で言うならば、まさに、二つの絵が「重ねられて」いるということになる。この二つの絵がどうして重なるのだろうか。

早川は「『行灯』を『夕照』に見立てる趣向は表の見立てに過ぎない」と言い、裏の見立ては、太陽が沈むにしたがって辺りは暗くなり家々の灯火が目に付くようになる。夕暮れにおいて光源が交代する。そこで「沈んでいく『夕日』を妊娠中の妻に、家々の小さな『灯火』を手伝いの娘に見立てて、いつしか光源が交代してしまう『夕照』の情景を、妻の妊娠中をいいことに、つい身近な娘に気を移してしまった亭主の浮気心に見立てた」のである。

「風流坐鋪八景」を「瀟湘八景」に見立てる場合、見立てるもの（「風流坐鋪八景」）と見立てられるもの（「瀟湘八景」）との間に「夕照」と「行灯」、あるいは光源の交代といった類似点はあるものの、それ以外はかなりかけ離れていることが、単なる比喩とは異なる。見立てるものと見立てられるものの間にある類似点以外はかなりかけ離れていることが、「見立て」の特徴の一つである。それゆえ、既存の診断体系に当てはめる場合とは異なって、見立てには想像力が要求される。

河合は、これを臨床場面に引き戻して、亭主の浮気の現場を見た女性がヒステリー症状を呈して来談した場合を考えている。これを「ヒステリー」と診断するのは容易である。しかし、亭主の浮気を発見してヒステリー症状を呈している女性の姿に「瀟湘八景」の「漁村夕照」を見立てるに近いことを行えるようになることが、臨床場面では要求されると河合は言う。そして、真の「見立て」を行うためには、「見立てるもの」（現存の具象、この場合「風流坐鋪八景」）の中に、「見立てられるもの」（価値、この場合「瀟湘八景」）を「実感を伴って見る」ことが必要である。

コッホにとってのバウムも、まさにそのようなものだったのではないだろうか。バウムを見ながらそこに描き手の姿を重ねていく。「木の姿」を「描き手の姿」に見立てることにより、描き手を理解していく。しかし、河合も述べるように、臨床において「実感を伴う見立て」をするためには、治療者と患者の間に深い関係が存在していなくてはならない。しかもその場合、一方向的な、つまり治療者が患者のことを見立てるような関係だけではなく、「相互見立て」の関係にあることを認識しておく必要がある。

コッホがバウムをじっくりと見つめ、バウムとの距離を縮めていくことの必要性を強調したのも、描かれたバウムとの深い関係を抜きにバウムを理解することなどできない、と感じていたからではないだろうか。したがって、コッホの『バウムテスト第三版』の副題、Der Baumzeichenversuch als psychodiagnostisches Hilfsmittel は、「心理的見立ての補助手段としてのバウム画の研究」と訳すのが最もコッホの真意を汲むことになるのではないだろうか。

# 第7章　治療促進的要因

## 1　もう一つの姿

バウムテストをテストと位置づけるか、治療的媒体と位置づけるか、という問いは二者択一の問いとして問うべきではないと述べたが、議論を行う上では便宜的に両者を分け、テスト的側面と治療促進的側面について整理をしておくことは、その両方の側面を活かす上でも必要になってくる。第3章と第4章では解釈に焦点を当て、所見作成を念頭に置きながら論じてきたので、本書の締めくくりとして、治療的媒体という点にフォーカスを移し、バウムテストの治療的側面について述べることにする。

バウムテストの治療促進的要因ということで筆者の念頭にすぐに浮かんでくるのが、バウムが（外見とは異なる）「もう一つの姿」を表してくれるという点である。われわれは、相手のものの見方、考え方、性格などを理解しようとする時に、その人の表情、容姿、服装などの外見、その人が語ること、その語り口や声のトーン、話すスピードなどを手がかりにする。バウムテストで描かれる木の絵は、これらの手がかりに、その人の「もう一つの姿」を加えてくれる。

ところで、この「もう一つの姿」は、外見やその人の語りから想像される姿と大きくかけ離れている、ということをしばしば経験した。このギャップこそ、バウムテストを心理臨床の実践において不可欠のものと感じさせてくれる大きな要因である。外見や会話から思い浮かべる相手のイメージとバウムから受けるイメージとにあまり差がないのであれば、あえてバウムを描いてもらうことに意義を感じないが、ギャップがあるからこそ、多少の負担を相手にかけることになっても、描いてもらいたいと思うのである。

本書の冒頭でそのような例を少し示したが、ここでは、糖尿病患者のバウムを紹介しよう。糖尿病(19)は、生活習慣病の一つとされ、この四〇年間で激増した。血糖値が病的に高い状態が慢性的に続くため、最初は無症状であっても、長い経過のうちに、腎臓や神経、網膜などが傷んでくる。また、心臓病や脳血管障害の危険因子でもある。

筆者は以前勤務していた総合病院で、私の外来の陪席に来てくれていた臨床心理の大学院生の協力を得て、糖尿病患者の心理的側面に関する調査を行ったことがあるが、その際、バウムテストも描いてもらった。実際に調査を行ってくれた院生さんたちによると、外来の待ち時間を利用して、簡単な問診をさせてもらいながら、いろいろと話しを伺うと、非常に気難しい顔をしておられた患者さんでも、話を聞くうちに話が止まらなくなって、一人三〇分以上かかることも稀ではなかったという。彼女たちの聞き方が良かったからだとも思うが、とにかく話があふれるように出てくることに驚いたとのことだった。そういうふうに関係をある程度作った後で、最後にバウムテストをお願いしたのだが、そこで描かれたバウムには強い印象を受けた。

ここに示すのは、いずれもヘモグロビンＡ１ｃ《エイ・ワン・シー》（HbA1c）が九を超えている患者のバウムである（図７－１）。ヘモグロビンＡ１ｃは過去一か月の血糖値の平均を反映すると言われている値で、糖尿病のコントロールの状態を判断する指標であるが、九を超えた状態は血糖コントロールがかなり悪い。

これらのバウムを描いた患者はいずれも、血糖コントロールは悪いとはいえ、お会いした印象は特に不安が強いわけではなく、表情も普通で、糖尿病のことも知識としてはよく知っておられた。ところがそういった外見とは対照的に、バウムでは幹先端が解放した無防備な木であったり、一線幹のバウムであったり、実だけのバウムであったりと、外見とのギャップに驚かされた。

調査した三九名のうち、ヘモグロビンＡ１ｃが九以上の患者は九名だったが、四名が一線幹、三名

（19）　糖尿病は、厳密には、膵臓のβ細胞というインスリンを作る細胞が破壊され、小児期に発症することの多い一型と、生活習慣や食事の影響が大きいとされる二型、その他にも遺伝子の異常、感染症、妊娠などで引き起こされるものがあるが、ここでは二型糖尿病について述べている。

図 7-1

が閉鎖不全、一名が完全開放、実のみが一名であった。先に述べたように、一線幹は標準では一％以下にしか見られず、加齢の影響も受けるが、それでも七〇歳代で数％にとどまる、稀な指標である。その指標が、半数近く認められたということだけでも、根幹部分の細さ、薄さが尋常ではないことが察せられる。

この調査に携わった院生（当時）の一人である富田はこれに強く印象を受け、改めて質問紙やバウムテストを組み合わせた詳細な調査を行った。それによると、血糖値のコントロールの良い群と悪い群とで、糖尿病の理解度、質問紙による不安の程度には差が見られなかったが、血糖コントロールが悪く不安や悩みをあまり訴えない群では、バウムの幹先端処理において完全解放と閉鎖不全という幹先端が開いたままで処理されないタイプが有意に多いことを見出した（富田、二〇一一）。

つまり、バウムテストでは、質問紙ではキャッチできないような守りの薄さが垣間見られるのである。このような姿を心に抱きながら治療に当たれば、話の聞き方も、食事指導の仕方も、自ずと変わってくるであろう。

次に、研究会でご一緒させていただいている林和子先生からいただいたメールの一部を紹介したい。バウムテストがその治療的な力を存分に発揮しているのを目の当たりにすることができるからである。

一八〇cm以上の大きな体にそりこみリーゼント、懐かしのボンタン姿は「ビーバップハイスクール」そのものでした。学校で「キレる」ということが来室された理由でした。画用紙を目の前にして、大きな体をゆすりながら、困り果てつつ、何度も消しゴムを使って、本当に長い時間をかけて真中に小さな幽かなバウムを描きあげました。聞くと「たんぽぽ」を描いたと教えてくれました。彼が友人たちと心霊スポットの廃屋に遊びに行ったときに見た土がうねったようなところにある、枯れそうなたんぽぽだと教えてくれました。彼は小さい頃から過酷な環境で育ってきたのですが、表向きにはやんちゃな少年で、彼自身も自分が置かれてきた境遇の厳しさは語りませんでした。私はバウムを見たときに、とにかく、圧倒されるような、動かされるような、なんともいえない思いがこみあげてきました。今考えると眼には見えない、けれど確かにある、大切な彼の姿を目の当たりにしたのだと感じます。彼が今、大変な状況の中にあっても長く深く根を下ろす、踏まれても枯れないたんぽぽのようになんとかやっていってほしいと心から願っています。本当にバウムは人の見た目の印象や言葉などに表れないその人の内側にある姿を映し出す「留め金」なのですね。この体験を胸に留めて、描かれたバウムをきちんと受け止められるよう、今後もバウムと向き合っていけたらと思っています。また、「枝の先端がとがっている＝攻撃的」のような用いられ方が少しでも少なくなっていくと思います。

解説は不要であろう。「目には見えない、けれど確かにある、大切な彼の姿を目の当たり」にして心を深く動かされたセラピストの思いがダイレクトに伝わってくる。

水野ら（二〇〇二）が報告している患者は、子宮頸がんⅡb期で広汎子宮全摘術を受けた後、化学療法、放射線療法を受けたが、副作用のために中断となり、その後骨盤内に再発が認められた。主治医の勧めで精神的ケアを目的として精神科に紹介されたが、「がんの実感もない」「不安もない」「以前は、痛みの原因がわからなかったのでいらいらしたが、今はわかっているからよい」と目立った不安や動揺を示すことはなかった。また精神科の受診も、その必要性を感じていないと淡々とした口調で述べたというが、すべての患者さんに継続的なケアを行っているから、と継続的な面接を提案したところ、「たまに先生の笑顔を見るのもいいかな」と述べて同意されたとのことである。

初診時、DSMでは「診断なし」であったが、「大丈夫」という発言の多さに違和感を感じたため心理検査を依頼したところ、以下のような結果であった。STAI（State-Trait Anxiety Inventory）、POMS（Profile of Mood State）などの質問紙による検査結果はいずれも問題のない値で、不安、抑うつなどは認められなかった。MPI（モーズレイ性格検査）では、高い外向性と低い神経症性傾向がみられた。これに対して、バウムテストでは、一線幹、全一線枝の弱々しい木であるところが、質問紙の結果と顕著な乖離を示している。水野らのバウムの解釈を以下に引用する。

「描かれたバウムから、患者は内的エネルギーに乏しい状態にあり（弱々しい単線の枝と幹）、そのため、無力感が強く、自己の感情を適切に認識することが困難である特徴が推察された。その状況の中でも、頑張って何とか自己を支えようという姿勢が見受けられた（真横に張り出た細い枝）。しかし同時に、外界からの刺激や圧力次第では、その頑張りも容易に崩れてしまう可能性が示唆された」。患者の脆い部分と頑張って自己を支えようという姿勢とを的確に読み取っており、しかもその頑張りも「外界からの刺激や圧力次第では容易に崩れてしまう」可能性が感じられるので、自然と慎重に対応できるようになるだろう。

このように、外見や会話から、あるいは質問紙などの調査からは窺い知ることのできないもう一つの姿をバウムは見せてくれる。そのような姿を心に留めておくだけでも、治療関係は配慮の行き届いたものになるだろう。ただし、受け手の方が、その姿に圧倒されてしまうと、かえって関係性を作る上で妨げになるということもあり得る。その姿に惑わされず、治療的な手がかりや、弱さだけでなく強さも読み込んでいけるようにならないと、せっかくの表現が生かされない。

## 2　語りを促す

バウムの治療促進的要因の第二点として、語りを促すということがあげられる。バウムを描いてもらうと、それに促されるかのように、いろいろな語りが始まるということをしばしば経験した。筆者自身のケースについては拙著（岸本、一九九九、二〇〇四）で述べているので、ここでは筆者が編集した『臨床バウム』（岸本編、二〇一一）からいくつかの例を引用しておきたい。たとえば、倉西（二〇一一）のケースでは、描いたバウムについて話してもらっているが、それが呼び水となって、これまでにないほど生き生きとした様子で以下の内容が語られたという。

（バウムテストを施行した回は）描くのみでセッションの時間となり、翌回にバウムについて話してもらう。「上は緑の葉で下は茶色の落ち葉。ここにあるものすべてが必要。緑がいっぱいで葉がいろんな方向を向いている。うまく成長できたところは花が咲いてて。もっと大きくなるには太陽の光がないといけない。チョウは、木の雰囲気がやわらかい感じだから他のものも寄せてしまう。土に根がついているイメージが出てこなかったけど、水をいっぱい吸えるところを作ろうとギザギザを作った。緑が大きくなって下に落ちて、っていうサイクルを回りながら成長しているイメージで描いた。双葉の種はどこから来たかわからないけど、落ち葉の中から出てきた。双葉はこの木の一番最初の頃のような気がして。白い雲がある青い空で。風や周りはおだやかでゆっくりしている。この木は独立して一本だけポッンと立っている」とゆっくりかつこれまでにない生き生きとした様子で一気に語る。（六七―六八ページ）（括弧内は引用者による補足）

ここで語られているのは、単なる木の話ではない。木のことに描き手のさまざまな思いが重ねられて語られている。その後の治療の流れの中で、支えになり得ると思われるような言葉も含まれている。たとえば、「ここにあるものすべてが必要」という言葉は、治療のさまざまな場面でセラピストに想起され得る智慧を伝えてくれる。「もっと大きくなるには太陽の光がないといけない」とか「緑が大きくなって下に落ちて、っていうサイクルを回りながら成長している」といった言葉は、セラピーにおける「成長」がどのように進んでいくのか、その核となるイメージを提供してくれる。これらのことが「ゆっくりと」かつこれまでにないほど「生き生きと」語られるのであるから、そしてそれをじっくりとセラピストが耳を傾けてくれるのであるから、セラピストにとってもクライエントにとってもそれは非常に意味深い体験となったはずである。このような相互交流がその後のセラピーの土台となることは言を俟たない。

もう一つ、成田（二〇一一）の事例も紹介しよう。七〇代前半の女性Aさんは、脊椎の圧迫骨折で入院された。脊椎腫瘍の疑いにて精査中に強い不安を感じ、本当はがんではないか、家族や医療者は本当のことを教えてくれていないのではないかと疑心暗鬼になられた。それで成田が関わり始めたが、「数回目の訪室の際に表現を求めて」バウムテストが行われた。

Aさんは描画後にこのバウムが「だいだいの木」であり、「畑の岸や角に一本だけ生えている感じ」とイメージを広げたのに続けて、次のように語った。「私はね、小さい頃は内海の小島で育ったのよ。お医者のいない島でね。だから風邪を引いたときの薬はだいだいと砂糖のお湯割りだったのよ。雪の日にね、外で炊飯をしていた時に滑ってしまって、鍋のフチで右頬を切ったことがあって。ほら大きく跡が残っているでしょう？　でもね、医者がいないところだったから、まじない師のおばあさんに治してもらったの。きれいに治るかわからないって言われたけど、マシなほうね」。（一七〇―一七一ページ）

木を描きながら、小さい頃の話、さらには、「だいだいの木」が医者の代わりをしてくれていたことが語られた。バウムには、心の中の治療者イメージを自然な形で賦活する力が備わっていることを如実に表している一例と言える。

このように、描かれた木について話してもらいながら、そこにさまざまな響きを聴きとることも、木を描きながら自由連想のように語られる話に耳を傾けることも、意味深い体験となり得る。

## 3　投影の留め金

バウムテストは文字通り、「(実のなる) 木の絵」を描いてもらうのだが、なぜ木なのか、という質問を受けることがときどきある。自由に何でも描いてもらった方がその人らしさが表れるのではないか、という意見もあるかもしれない。しかし、実際やってみるとわかるが、「何でもいいので自由に描いてください」と言われると、かえって戸惑うことが多い。逆説的だが、「自由に描いてください」とか「自由に書いてください」と頼むのは、かえって相手に不自由を強いることになりかねない。

そこで、何かテーマを定めて描いてもらうということが考えられるが、たとえば「人の絵」を描くのは結構エネルギーが必要で、描いてもらうハードルが高くなる。あるいは、かつて糖尿病のイメージ画を糖尿病患者に描くように求めた研究発表があった（山崎ら、二〇〇二）が、テーマがあまりに直接的過ぎるためか、ほとんどの患者が、膵臓が故障しているようなイメージしか描けなかったと記憶している。つまり、糖尿病患者にとって「糖尿病のイメージ」はあまりに直接的過ぎるのである。

それでは、木というテーマはどうだろう。コッホ（Koch, 1957/2010）は、ヒルトブルンナーの「木の姿と人間の姿との間には一つの関係があり、木の植物性は、直立姿勢を維持した形態を保つという点で人間の姿勢と極めて類似していて、木との銘記すべき出会いは、まさに自分自身との出会いである、と言えないだろうか」（二四ページ）という言葉を引用している。木の像は人間の立ち姿と似ているため、知らずとそこに自分のことを重ねることができるのである。木というこの主題のこのような機能をコッホは、「投影の留め金」（二六ページ）と呼んでいる。ここで、投影とは、「意思されたものではなく、受身的に、自然と生じる」（二六ページ）ものである。〔投影では〕内的な現実が写し取られるが、意識してなされるのではない。〔バウムという〕対象は、〔投影の」留め金であり、留め金がなければ、何も掛けることができない〔ように、バウムのような留め金がなければ、内的現実もどこにも表現の足場を見出せない〕。（二六ページ）

つまり、「木を描いてください」と言われた時に、木の立ち姿が、人間の立像と重なっているために、そこで描かれるバウムは、意識的に想起される表現であるだけでなく、無意識的に自然とそこに自分の姿を重ねられた表現であるというところがミソなのである。

投影の留め金（ホック）については、ユング派の心理療法において、たとえば転移を受けた時に、分析家の方にも投影を受けるホックがあるのだからまずそのホックを探すように、というような形で言及されることがある。近年、内的なものがそこに映し出されるというほどの意味で「投映」と「映」の字が充てられることも多いが、コッホは意識と無意識のダイナミズムを前提とする精神分析的な考え方をとりいれていたので、本来の精神分析的な概念を想定して「投影」と「影」の字を充てるのが適切だといえよう。

この「投影の留め金」はバウムの真骨頂の一つであると思う。筆者がお会いしているがん患者にしろ、強いトラウマを受けてうちひしがれている来談者にしろ、当の問題について話すのはなかなかエネルギーもいるし、場合によっては侵襲的にさえなり得る。がん患者が「頑張って」のことばに「がん」という響きを聞いて震えたり、ＰＴＳＤの患者がトラウマを避けようとしたりするのは自然な反応なのである。そんな状況で、問題とは何の関係もない「木の絵」を描いてもらうということは、侵襲性という面から言っても、取り組みやすい課題であるし、そこに自分のことを自然な形で重ねて表現できるというのは実に優れた方法だといえる。

留め金という点から見ると、バウムというテーマは「正方形」と「人物」の間に位置するようなテーマだろう。「正方形」を描いてくださいと頼めばほぼ皆が同じ形になってそこに個性が反映される余地は少なくなる。木の形は根・幹・枝・樹冠などからなり、ある程度の構造は定まっているが、その形は自由に表現でき、しかも、立像という点で人の形とも似ているので自分の姿をそこに映しやすい。そういう意味で、バウムのようなテーマは投影の留め金としてバランスが取れているといえる。

さらに、「木という対象は、字の手本のような型を練習することはほとんどないが、その形は経験から十分に思い浮かべることができ、基本的には、間違えようのない構造と形態で特徴付けられている」（二五ページ）。つまり、構造がシンプルで比較もしやすく、描き手に取っても、人の顔を描いたりするのと比べると、ハードルが低く取り組みやすいテーマであるという点も魅力である。木というテーマは、侵襲性、取り組みやすさ、人間の立ち姿との類似性、といった点から、投影の留め金として絶妙の姿形と距離感を兼ね備えていると言えるのである。

## 4　鏡としてのバウム

バウムに鏡としての働きがあることについては、既にコッホ（Koch, 1957/2010）が述べている。

木は、投影の担い手以外の何ものでもない。木という対象は、像を反射する鏡のようなものだが、内面を映写する〔点が普通の鏡とは違う〕。……投影の壁としての「木」は、多少とも、描き手の何かを引き出す性質をもっていて、それゆえ、描き手に喚起されるイメージは、たしかに主観的に形作られた表現として立ち現れるが、そのイメージは、客体〔実在する木の像〕とも融合してい〔るので、主観的とも客観的ともいえ〕る。〔バウムという鏡に〕映された画像は、客観世界の断片（Alphons Rosenberg）を含んでいるが、そこにはこころの空間図式との内面的な類似性もある。内界を外に投影することは、決して意識的な意思の所産ではない。意図されているのは本来、対象の描写（Darstellung）に過ぎないが、外的な対象は、ロールシャッハ・カードのように既定の形をもつわけではなく、主観的な表現として、つまり、心の中に映されて、〔主観と〕渾然一体となっているからである。（二五一―二六ページ）

このように、バウムという鏡に映し出される像は、内面も外面も、表層も深層も映し出す。その鏡に映し出されたイメージは描き手の中にも強い印象を残すことがしばしばあり、その図像について考えながら、描き手が自分自身についても考え始める、といったことが生じる。いわば、バウムが自分を映す鏡として働き、自己理解が進むといえる。

たとえば、第3章で述べた事例の患者は、半年ほどたって二回目のバウムを頼んだ時に、「最初に描いた時には、病室に戻ってからどうしてあんな中途半端な絵しか描けなかったのだろう、自分では大丈夫と思っていたけど（精神的に）危ない状態にあるんだと思い直して、素直に周りの助けを受け入れようと思いました」と述懐された。

村瀬・斎藤（二〇一〇）の事例にも「実施目的は……生徒理解を深めると共に、……自己理解の契機とする」という指摘があり、木を描くことで「自分の応対を客観視し、さらには自らの状況を引き受けて、次の一歩を踏み出していった」ケースが紹介されている。また、加藤（二〇一〇）が「立板に水のごとく話を続ける」学生が、「実感を伴った言葉」で話していないため、話だけでは「〈私〉が感じられなくて困ってしまう」場合にも、バウムを描いてもらってその一助とする、と述べているのも、バウムを描くことが自分のことを振り返る契機となり得るからであろう。

## 5　自分で収める

バウムが鏡として働き始めると、自分との対話が進み、場合によってはバウムを描くだけで心の中が治まってくるということも起こり得る。そのような自己治癒力が顕著に感じられた例を紹介しよう。

クライエントは学生相談室でお会いした女性である。「今日はどういうことで？」と尋ねると、「心療内科にかかっているのですが、体調がよくならなくて……。夜眠れない。この頃は先生に、閉所恐怖症もあるんじゃない？　と言われて、余計に心配になって。それでカウンセリングを受けたいけど、と先生に相談したら、こちらを紹介されたので来ました」とのこと。疲れた様子で、表情にも生気がない。薬は抗不安薬や抗うつ薬などが処方されている。「ご自分で心当たりは」と尋ねると、「いっぱいあります。身内の人が次々と亡くなったり、病気になったりして、家族の中もなんとなくギクシャクして、ここ一年くらい様子がおかしいようで……。小さい時によく面倒を見てもらったりしたおじさんとおばさんが相次いで亡くなりました」という。そこまで伺ったところでバウムを描いてもらった。

樹冠から描き始め、左側の幹線から地面線、右側の幹線の順で描き、その後実を付けていく。茂みから顔をのぞかせている枝を何本か描いた後、葉っぱを描いていく。高さを聞くと人を描いてこのくらいかな、と。でも手を伸ばせば下の実には手が届くくらい。赤い実。りんごとか。樹齢は幹がしっかりしている。このくらいの幹、と手を広げて輪を作る。

その後、今後の進路についての気持ちについて伺ったところで終わりの時間が迫ってきたので、最後に何か聞きたいことでもあれば、と水を向けると、手を小さく挙げて「狭いところが嫌で、今の部屋は六畳を工事してさらに狭くなっていて、でもどうすることもできないのですが、壁に大きな景色の絵とかを貼っておいた方がいいですか？」と。私が「何か気に入ったものがあれば」と言うと、「ないんですけど。それじゃあ、別に閉所恐怖だからといって何かしなくてはならないとか、そういうことではなくて、人それぞれでいいんですか」と言われたので、「いいと思いますよ」と答えて初回は終わりとなった。

翌週来られた時には、ずいぶん調子が良くなったと言われ、実家にも行ってきてお父さんとも話せたとのこと。その後彼女から、「この前の絵は何かわかりました？」と聞かれたので、「ああ、ちょっと持ってきますね。それで何かがわかるというよりも……たとえば、倒れそうな木を描かれた方が、大丈夫ですといわれても言葉の響きが変わってくるでしょう。お話を伺う時にも木のイメージがあるとずれが少なくなるかな、と思って描いていただいているのですが。ご自分ではどうですか、前回描かれて」と応えたところ、「久しぶりに描いて、ああ、と思って、家に帰ってから自分でもう一度同じ木を思い出して描いて、描き足りなかったところを付け加えたり、色を塗ったりして完成させました。りんごや人の顔を付け加えたり、遠くの山の風景を描いたりして、そうしたらずいぶんすっきりして、画鋲で部屋に飾ってあります。山並みを描きながら、実家の風景も重なったりして……前回来てからいろいろなことがうまい具合に運んで、大分落ち着いたと思います」と言われ、私はとても感激した。

面接はこの回で終了となり、彼女は無事卒業していかれた。バウムを描きながら自分で自分の心を治められたわけで、バウムの治療促進的な力が如実に表れたケースであった。

# 附章1　バウムテストと洞窟壁画

## 1　表現のトリガーとしてのバウムテスト

本章では、これまでとは少し切り口を変えて、現存する人類最古の絵画である洞窟壁画を手がかりに、バウムテストについて考えてみたいと思います。これは時代的に遡るというよりは、表現の源に遡って、「木の絵を描く」ということの意味を考えようとするものです。最初に、筆者の経験の中から具体的なケースを示したいと思います。この患者さんについては、すでに他所で述べています（岸本、二〇〇五b）が、後の議論のためにも、やり取りを詳しくお話ししておきたいと思います。

## 2　片元さんのこと

### ■眠れるようにしてほしい

患者さんは片元さん（仮名）という五〇代の男性で、肺がんが再発し、その治療のために入院された方です。不眠と気分の落ち込みということでとにかく眠れない、眠れるようにしてほしいということで、当時心療内科も担当していた私の外来に紹介されてきました。右肺ががんのためにほとんど機能していないような状況で、片肺だけで頑張っておられるような状況でした。残りの肺も少しずつ病巣が広がってきていて、だんだん厳しくなってきておられて、主治医の先生からはもう病巣の治療はできないとお話をされています。

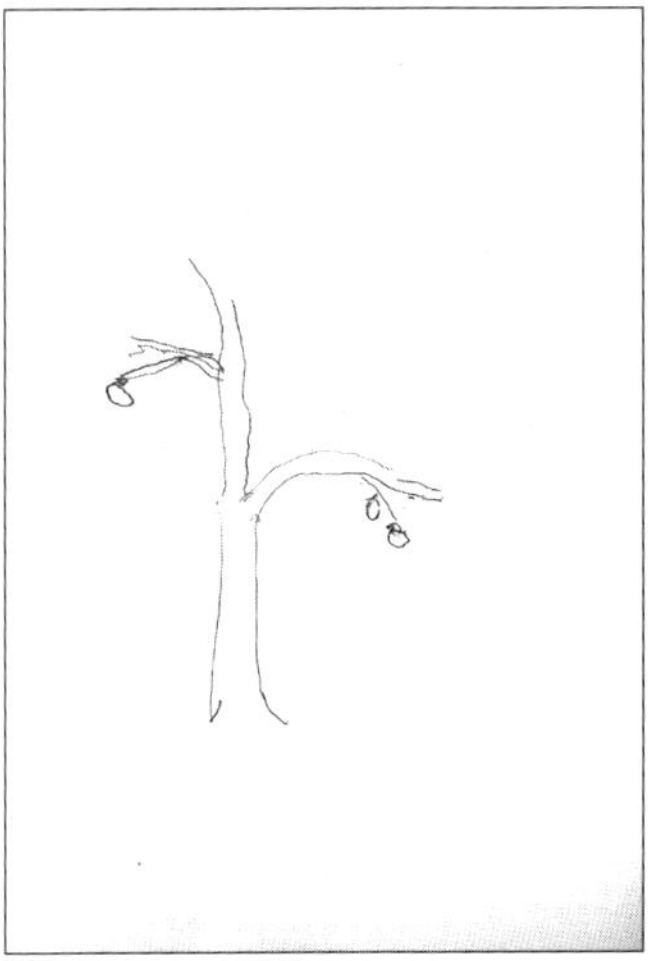

図 附1-1

お話を伺いますと、とにかく眠れない、眠れるようにしてほしいと言われるんですけれども、結構焦っておられる感じで、しかも睡眠剤もたくさん出ていて、これ以上薬を追加しても状況はあまり変わ

図 附1-2

らないだろうなという印象を受けました。ひとしきり話を聞いた後で、「実のなる木を描いてほしいんですが」と頼んだところ、しばらく考えておられましたが、ゆっくり描かれました（図 附1－1）。

幹の先端が開いたままになっていることに目が先に向かうかもしれませんが、描かれたプロセスを見ることが大事ですので、まずそれを辿ってみましょう。最初にまっすぐ二線幹を描いて、右側に二線枝を弓なりにカーブする感じで伸ばされましたが、枝先は開いたままになっています。そして、幹の先端部分から、さらに幹を上の方に延ばされたのか、あるいは枝として描かれたのかはわかりませんが、二線幹（あるいは二線枝）を上方にまっすぐ伸ばされて、開放したままになっています。これだけでも大変な状況が伝わってきますね。

続いて風景構成法も描いていただいたんですけれども、構成不全（岸本、二〇一三）でした（図 附1－2）。

川、山は左上隅から順番に描いて行かれ、あと田んぼ、道、家、木のあたりが部分的に構成されていますけれども、その後はまたバラバラになっている。風景がバラバラになっている状況です。かなり焦りも強いことが窺われましたので、枠づけをする意味も込めて、「申し訳ないですけど、お薬の方はもう一週間だけこのままで様子見させてください」と言いました。あと、食事が食べられないというこ とがもう一つの悩みとして語られていたのですが、それも「食べられそうなところからぼちぼち食べてみられたらいいと思いますよ」というような話をしました。

■実は……

翌週に来られた時には、「少しだけ楽になりました」と仰られました。どういうことですかと尋ねますと、「今まで食べないとすぐにでも死んでしまうのではないかと焦ってしまっていたんですが、よく考えたら自分は酒飲みで、家にいる時ももともと食事なんかほとんどろくに食べていなかった、だから、入院したからって病院食を全部食べられるようになるわけではないのは当然だと思うんです」と言われ、自分のことが少し客観的に見られるようになられたと感じました。ただ、不眠は続いていますので、約束ですから薬を追加してくださいと言われ、それまで出ていた薬とは系統の異なるお薬をごく少量追加しました。

三週、四週とお話を伺っているうちにだんだん元気になって、眠れるようになって、少し落ち着い

図 附1-3

てこられました。そんな時、「実は自分は若い時は画家になりたかったんです」とおっしゃられるんです。画家ですか～と言いますと、「ええ、そうなんです、絵は好きだったんです」と言って、持ってきておられた絵を見せていただきました。それがこれです（図 附1－3）。全然違いますね。同一人物が描いた絵とはとても思えない……。驚きました。

こういう絵を病棟でも描くようになられ、そうすると、看護師さんの見る目が変わってきて、それまでは、うるさいおっちゃんって感じで、夜眠れないものだから、ナースコールも頻回で、うるさがられていたみたいなんですけれども、「先生、最近看護師さんすごい優しくなりました」（笑）といっておられました。

## ■病状は悪化するが体調は良くなる

ところが、その頃に脳転移が明らかになりました。私は週に1回のペースでお会いしていましたが、カルテに脳転移のことが書かれていたので、ご本人は落ち込んでおられるのかなと思って、少し構えてお会いしたのですが、お話を伺うと「先生、頭に新しい腫瘍ができたんですが、ガンマナイフという治療があるそうなので、それ受けに行ってきますわ。最近は治療も進歩したとかで……ハッハッハ」という感じで、飄々としておられました。病状は悪くなっていくんですが、体調はさほど悪くならない。病状と体調は違うということを教えていただきました。病気は進行するんだけれども、体調は良くならられて、ガンマナイフの治療もうけられて、その後一か月くらいで退院されました。

片元さんは大工さんで、棟梁として現役で仕事をしておられましたが、病気で現場からしばらく離れておられたんですね。それで、現場の若いものに伝えておかないとならないことがあると言われ、現場にも戻られます。そうして、呼吸器の外来に来られた時に、私の心療内科の外来に一緒にくるという形で二、三か月の間、外来で通われました。

そして、六月くらいだったと思いますけれども、金曜日に外来でお会いしたその翌日に、胸が痛いと言って救急外来を受診され、そのまま救急外来で病状が急変して亡くなられました。心臓の方にもがんが進展していましたから、おそらく不整脈の発作が原因ではないかということでした。私としては病状が厳しいことはわかっていたので、ある程度覚悟はしていましたが、それでも突然だったので、ショックでした。でも、誰にも迷惑かけずに、仕事にも戻られて、片元さんらしい最後だなという感じはしました。

私に残してくださった絵はここでお示ししている絵だけなんですが、ずっと描き直しておられた絵があります。神社の前で三人の巫女さんが舞を舞っている絵を、描いては直し、描いては直し、ここが気に入らない、納得がいかない、また次持ってきますと言って、繰り返し描いておられました。その絵は、結局、完成したかどうかわからないのですが。

以上の流れを振り返ってみますと、片元さんにとって、バウムを描くことは、深いところで滞っていた流れをうまく流れ始めさせるトリガーのような働きをしたのではないかと感じます。そうして深いところにあるこの人本来の流れが流れ始めると、あとはさまざまなことが自然に展開していく。そういうところに私は心理療法の大事なポイントがあるように思ってやってきた気がします。

## 3　洞窟壁画の三群

表現のトリガーと申しましたが、こういったことを理解していく時に、洞窟の比喩が浮かんできます。ルイス＝ウィリアムズの『洞窟のなかの心』（Lewis-Williams, 2002/2012）という本があります。結構分厚くて、三百ページくらいの英語の本なのですが、この本を読みながら、私の中で、バウムテストとか風景構成法で行われていることを整理する切り口を与えてもらったというふうに思ったので、それを紹介してみたいと思います。

これはもともと中沢新一さんが、『狩猟と編み籠』（中沢、二〇〇八）という本の中で引用されていることから関心を持って読み始めた本です。中沢さんの本は、旧石器時代の人類が洞窟の中で体験していた宗教性、宗教体験と、現代人が映画館の中で体験していることとかがパラレルで、映画体験というのは実は洞窟の中における古代人の宗教体験に匹敵するような宗教性があるのではないかということを論じている本ですが、私はこれを読みながら、特にバウムテストと風景構成のことで、今までうまく言葉にできなかった部分に光を当ててもらったような気がしたので、それを説明してみたいと思います。

このルイス＝ウィリアムズという人はなかなか面白い人で、旧石器時代の人類のことに関して、何かブレイクスルーになるような新しい発見がなされたらさらに先に進める状況なのだろうか、と最初に問うています。考古学はかなりの知見をさまざまな形で持っているが、そこに欠けているのは、ブレイクスルーをもたらす新たな発見ではなく、それを包括して説明する理論の方ではないのか、と言うのです。それぞれの専門家がそれぞれの専門分野のことは言うけれども、それを総合して全体的に説明する理論がない。だから、自分はそれをやりたいということで、考古学だけでなく、心理学、宗教学、人類学、芸術学などさまざまな学問領域の知恵を動員して、包括的な仮説を提示しようというようなことを考えている面白い人です。

その一つに、洞窟壁画をどう考えるかという問いがあります。洞窟壁画が三群に分類されるということを考古学が明らかにしています。まずその三群をご紹介します。

## ■イメージ第一群

第一群は、抽象的イメージ群で、格子ですとか、ドットですね、点が描かれていたり、こういうジグザグの図形、波状の図形であったり、抽象的な幾何学的な図形が描かれていますね（図 附1－4）。洞窟の壁にこういう図形が描かれている。これは何を意味するのか。実験的には、感覚遮断、つまり真暗闇の中に長時間いて、外側からの刺激が一切遮断されている状況におかれると、視神経が自己励起を起こして、このような幾何学的な図形が見えてくるということが知られています。皆さん方の中にも、真っ暗な所にずっといると、何か模様みたいなものが見えてくるというような体験をされたかたがおられるのではないでしょうか。

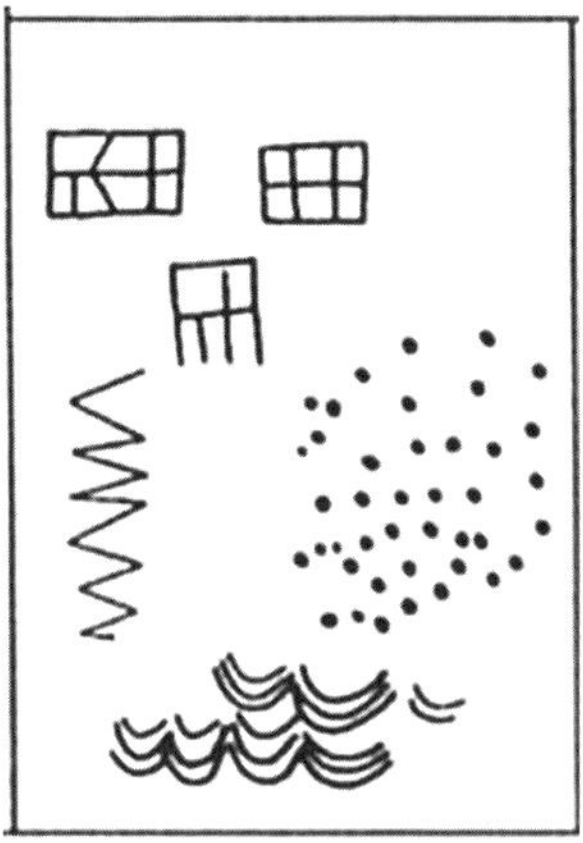

図 附1-4（Lewis-Williams, 2002）

似たような現象として、偏頭痛の発作が起こる直前に前兆というんですけど、何かギザギザな線が見えるとか、波状の線が見えたりとか、あるいはてんかん発作でも似たようなパターンが見えることがあるようです。これらを併せて考えると、どうも脳の中に予め刻み込まれたパターンが、感覚が遮断された状況では見えてくる。それを表現したものがイメージ第一群ではないかというわけです。

ただこれが何か具体的事物の形を表しているわけではありませんから、深いところから起こってくる動きが何か具体的な形になるというわけではないという意味で、中沢さんは「無から無へ」の動きだと言っておられます。中沢さんは流動的知性という言葉を使っておられますが、流動的知性の運動に直接的に触れながら思考とイメージの基層的な運動を突き動かしている、という言い方をしておられます。

流動的というのはどういうことかというと、たとえば進化の途上のある時点までは、聴覚なら聴覚、視覚なら視覚というそれぞれの感覚の情報処理はそれぞれの感覚様式ごとに処理されて、視覚と聴覚とを総合して、全体として知覚するということは脳の構造上できなかったわけです。視覚情報は視覚情報として処理されるし、聴覚情報は聴覚情報として処理される。それぞれバラバラに処理されていた。それが、ある時から感覚様式を超えたネットワークが形成され、感覚情報がそれぞれの感覚様式を超えて統合されることによって、対象を全体として知覚するということが可能になりました。その結果、たとえばイメージとかが表現できるようになったし、言葉もしゃべれるようになった、そういう仮説があるようです。異なる認知領域を横断する流動的知性が現れることによって、他の動物にはなかったような能力をもつことになるというわけです。

イメージ第一群では、そういう深い流動的知性が、感覚表面に瞬間的に立ち現れてもなかなか形にはならないので、こういう幾何学的な模様になるのではないかと考えられています。

## ■イメージ第二群

ところが、イメージ第二群では、このような動物などの具体的な事物が描かれます（図 附1－5）。たとえば、岩の凹凸を利用して目や口が描かれ、顔になるわけです。つまり、もともと何もない白紙のスクリーンに形を見つけるのではなくて、岩の凹凸や模様があるところに形を見ていくわけです。今話していて思い出しましたが、先ほど画家になりたかったとお話しした片元さんの絵は、実は模写なんです。彼は模写専門と言っていました。模写ということはどういうことかというと、なにか自分が気に入った写真とかがあると、その写真を切り抜いて、その写真の風景をそのまま、写して書くわけです。ちょうど岩壁の凹凸にバイソンの絵を見るように、これだと思う風景に心が

**図 附1-5**（Lewis-Williams, 2002）

引っ掛かって、それを模写する。私は模写というのは、多分、原初的なあるいはより古い形式の表現として意味があるのではないかと思っています。

これら、動物の姿を具体的に表す具象的なイメージは、意味発生を表す垂直的な運動が主体で、旧石器の人々は、常日ごろ目にしている動物の姿を描写しようとは考えていなかった。むしろ壁面を超えて垂直に横断を遂げて、現実の世界にわたってくる「精霊」を現実世界に出現させようとしていた、というふうに中沢さんは述べておられますが、これはどういうことかと言いますと、暗い洞窟の中で岩壁を見ながら、明るい世界に生きている動物の姿をそこに描くということではないということです。まず目に入ってくるのは壁の凹凸です。それを見ながら、壁の向こう側からパアッと浮かび上がってくる、そういう姿をやっとのことで形に描き止めたのがこれらの洞窟壁画の動物の姿ではないか。だから中沢さんの言う「垂直」とは、壁に対して垂直ということで、壁の向こう側からこちら側に向かって、ぬっと出てくる、そういうものを描きとめようとしたのがイメージ第二群ではないかというわけです。

さきほど、模写という話をしましたが、表現というと、われわれは心の中のものを出すというようにイメージしてしまいます。「表現」という言葉も「表に現す」と書きますので、何か表現してくださいというと、心の中のものを外に出さないかんというふうに思うわけです。英語の express もそうです。ex は外へという意味で、press は押すですから、外へ押し付ける。ドイツ語の Ausdruck も外へ押し付ける。一緒ですね。けれども、中のものを外へ出すというよりは、むしろ、外にあるものに引っかけて形にするということが、表現のより古い形態だったのではないかと思います。片元さんのように、命を脅かすような病を抱えて、危機的な状況にある人は、心の内面も危機に曝されている。あるいは内面と外面の区別も怪しくなっている。だから、内面を出させようと思ってもなかなか形にならない。内面を出させるのではなくて、中のものを表出させるのではなくて、むしろ外にあるものに、なんか自分がこれだって思うものに引っかけて、それを形にしていく、ということの方がやりやすいし、表現の形としては古い形だろうと思うわけです。

そんなふうに考えると、バウムテストで行っていることというのは、まさに、バウムという表現の留め金を利用して、内面を表出させるのではなく、木という形を借りて表現しようとする。そういう意味で、バウムテストで描かれるイメージはイメージ第二群に位置付けることができるのではないかと思います。

描画テストでは、たとえば人物画というのがありますが、人というテーマは、あまりに直接的すぎるので、自分を表現するというのはかえってやりにくいのではないかと思います。一方、木を描くという課題は、自分自身からは少し距離がとれますので、取り組みやすいと思います。

中沢さんはすごく上手に書かれていて、岩壁の奥からこちらに向かって立ち上がってくる力と、それを平面で受け止めて描写イメージに変身させる技術とがクロスする場所に、宗教であり芸術でもあるこれらの旧石器の表現が実現されていると書いておられます。これはバウムにもそのまま当てはまると思います。そういう具体的な、木なら木、動物なら動物という世界につながりを持つ視覚的イメージの下には、意味作用の持たない無意識な「イメージ第一群」の力動が絶え間なく打ち寄せている、だからこの群のイメージは無から有への生成として、あるいは有の無への融け込みとして考えられるような生成力を備えることになると。イメージ自体がインターフェイスとしての成り立ちをしているために横断性とか越境性をもつことになる。ここが、後で述べますけれど、風景構成法との大きな違いだと思います。バウムテストでは、何もないところ（無）から（木という）形にしていく（有）ということに関係している、そういう側面が前面に出ている、というふうに思います。

## ■イメージ第三群

次にイメージ第三群ですが、これは具象的イメージを結合して物語性を与えられたイメージ群ということで、動物などがたくさん描かれていて群れをなして動こうとしているような場面がこれにあたります（図 附1－6）。その場面は、物語として展開していく感じになってきます。イメージ第二群は何もないところから動物を描くわけですけれども、第三群になると、むしろそういう動物たちが動き出して物語を作っていくという感じです。だから、物語の展開というのは、壁面上で行われることになりますので、水平方向の動きという発想になるのだと思います。

これも中沢さんがすごく上手に書かれていますけど、垂直的な意味発生のプロセスによって現れてきたイメージを、いわば水平的に結び付けることによって、人にとって何か大きな意味を持つ物語を紡ぎ出そうとしている。だから有から有へ、既にできている具体的な形ある動物たちが集まって全体として物語を作っていくということですから、有から有へという動きになります。イメージ第二群として現れる境界線そのものが、第一群との接触を薄くして、むしろ有の意味領域の側にくり込まれるようになる時に、創造的・幻想的なこの群のイメージが強力に作り出されてくる。それまで視覚的イメージの安定性を脅かしていた流動的知性の無の力は、記号に作りかえられて、表現可能なものに変わっていくと。宗教の言葉で言えば、神や精霊が記号化されて、実体性を与えられるようになる。この群のイメージを構成する原理と都市空間の構成との間には、本質的なつながりがある。ものごとは生起や消滅ではなく、メタモルフォーシスしていく有の連なりとして思考されるようになる、と。

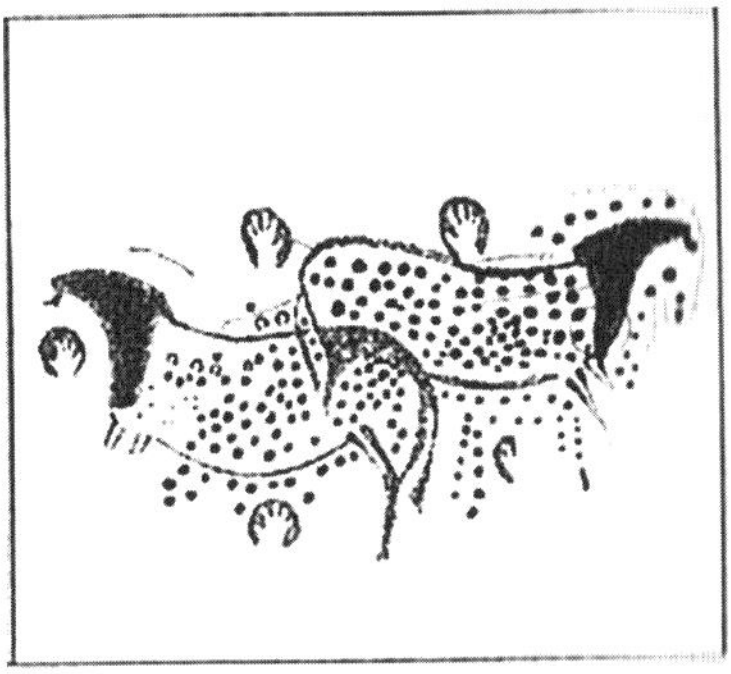
**図 附1-6**（Lewis-Williams, 2002）

　すごく上手にまとめておられると思いますが、これを読んだときに私が思ったのは、風景構成法です。風景構成法は、川、山、田、道という形で具体的なものを全体として構成していくわけです。だからちょうどイメージ第三群に相当するのではないかと思います。バウムの場合は何もないところから木というものを作り出さないとだめですが、ですから無から有へという動きになるわけですが、風景構成法の場合はむしろ、箱庭に近くなります。川とか山とかを配置させて、全体として風景を作る。一つひとつのアイテムを無から有へ作り出すという動きは背景に下がり、それぞれのアイテムから風景をどう作っていくかという有から有への動きが前面に出る、というわけです[20]。

バウムテストはすごく怖いですっておっしゃられる心理の先生がときどきおられます。あるいは、風景構成法はできるんだけれども、バウムテストは怖いですと言われることもときどきあります。どうしてかな、と考えていたのですが、バウムテストと風景構成法の上記のような特徴を考えると、それも説明できる気がします。バウムテストが怖い、と言われる時の怖さは、無から何が出てくるかわからないという怖さかなと思います。風景構成法の場合は、その怖さはないわけではないけれど、後ろに下がって、川を描き、山を描き、田んぼを描きという感じで、紙面上で、言わば日常の世界で展開していくので、怖さが、中沢さんの言葉を使えば、流動的な無の領域からの脅かす力が、背後に退くのではないかと思います。バウムの場合は無から形そのものを作っていくということをしないといけないので、怖さがあるのだと思います。

## 4　意識のスペクトラム

この『洞窟のなかの心』には、ルイス＝ウィリアムズによる意識のスペクトラムのモデルが提示されています。こちら（図附1－7）はよく見る図だと思います。覚醒状態から、入眠時の意識状態、夢見の状態、熟睡・昏睡に至るまで一本の帯で示すやり方です。もう一つ、これとは別にY字のスペクトラム（図附1－8）を提唱しておられます。下のラインは先ほどの意識から無意識への移行を示すラインなんですが、入眠時の状態から、寝てしまわないで、内側にだんだん開かれていくという経路が想定されていて、真っ暗な中でだんだん覚醒度が増していくと、最初は、抽象的イメージが、次いで具象的なイメージ、さらにそれが物語的に展開するという形で、これは外からの視点を基準にして判断すると、幻覚であったり幻想あるいはせん妄という状態になるかと思いますが、当事者の視点からは、だんだんと内側に開かれていくと言えるのではないか。そういうことで、Y字型の経路が想定されています。

(20)　佐渡との討論で浮き彫りになったことだが、山中のMSSM法（Mutual Scribble Story Making法、交互スクリブル物語統合法）（山中、一九八四）は、イメージ第一群から第三群までのすべてのレベルのイメージ表現が可能な技法と位置づけられる。

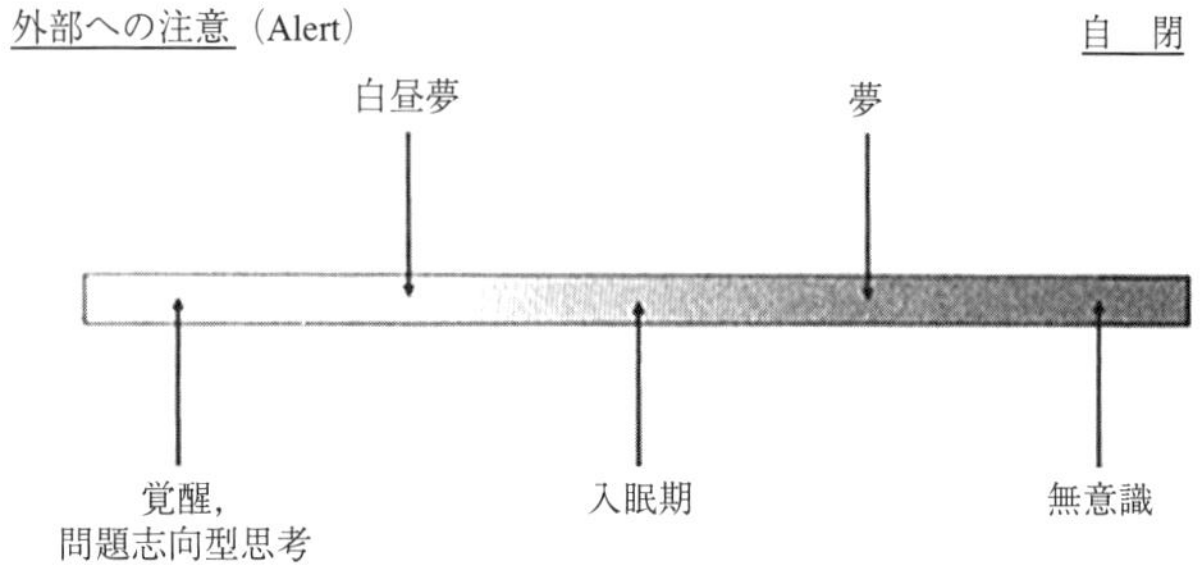


図 附1-7（Lewis-Williams, 2002/2012）

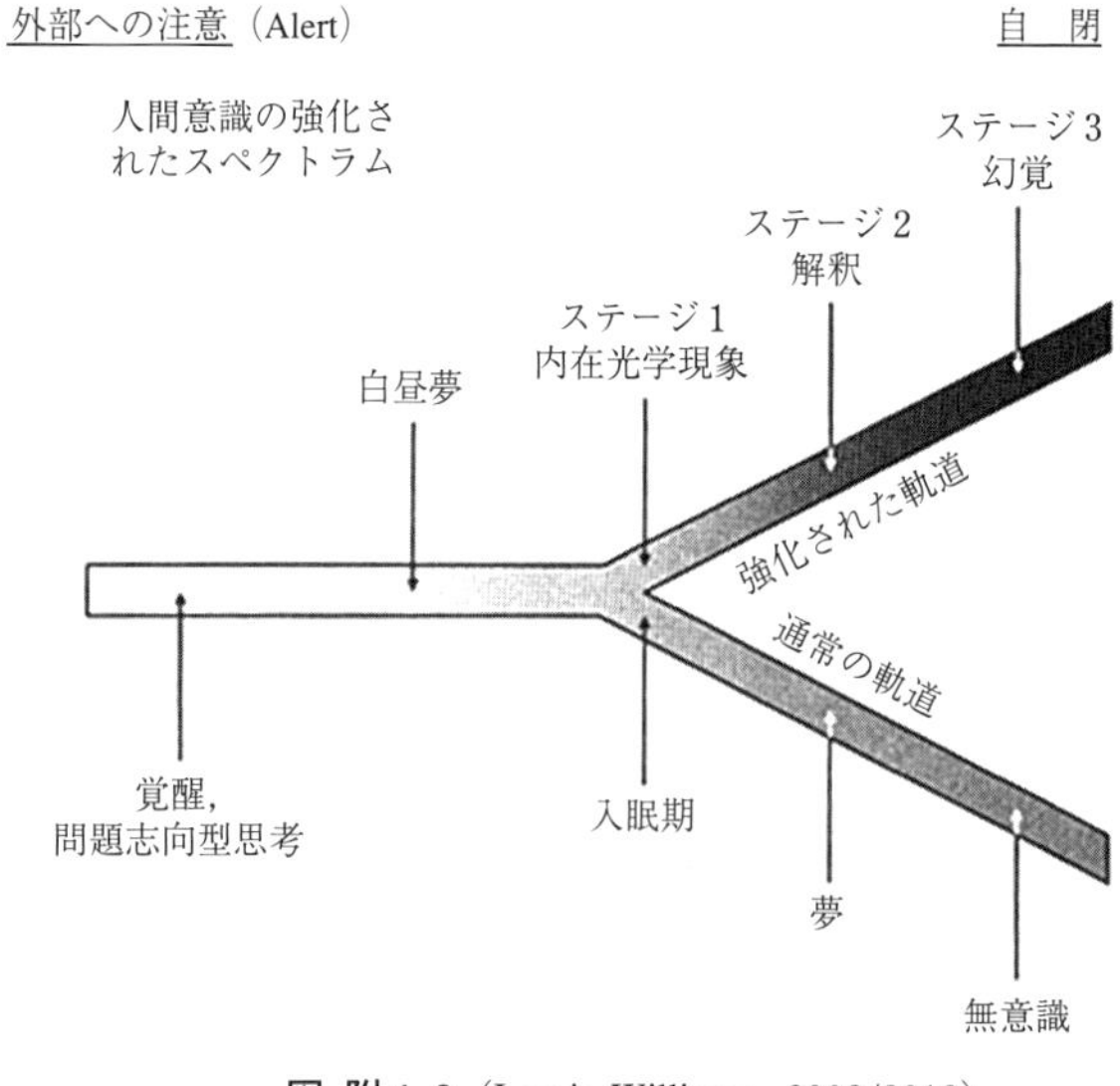


図 附1-8（Lewis-Williams, 2002/2012）

この洞窟の比喩がとてもしっくりきたのは、がんの患者さんの多くは、がんに限らずトラウマを受けた人でもそうだと思いますが、真っ暗な洞窟にいきなり投げ込まれたような感じではないかと思うからです。洞窟の中で、どうしたらいいかわからない状況の中で、治療者がそこに一緒に入って、暗いところでじっと辺りを見ていると、だんだん夜目が利いてきて、いろいろ見えてくる。そういうプロセスに同行するのが治療者の仕事の大切な部分ではないかと思います。

心理療法を行う時に、明るいテラスの方へ引っ張り出すのが治療だというふうに思っておられる方もあるかもしれませんが、どこかで治療者の側も洞窟の中に入って、暗さを体験したり、どうしたらいいかわからないという気持ちを体験することも必要なのではないかと思います。患者さんからすれば、一人で真っ暗な中にいることは大変ですが、誰か一緒にいてくれていると思うと、多少なりとも安心できるのではないかと思います。そうすると、周りを見る余裕すらなかったのが、壁の模様や凹凸が目に入り、何となく形になっていく。

バウムで描かれる絵を、こんなふうに、洞窟の中でやっと見えてきた姿を形として表現されたものだと受け取ると、その意味合いが変わってくるのではないでしょうか。明るい光の世界の基準で判断すると、守りの薄い、エネルギーのない、病んだバウムだと見えるかもしれませんが、洞窟の中の表現としてもう一回見直してみると、暗い中でやっと表現された、あるいは形にしてもらったものだと いうふうに受けとると、むしろ、よく形にしてくださった、というふうに見えてくるんじゃないかと思うわけです。だから、洞窟の外に連れ出すのが、無理やり連れ出すのが治療だというふうに思うことには、私の中では抵抗があります。

そういうことを考えていたら、ちょうどたまたま、二週間ほど前に河合先生が英語で書かれた本を読んでいて、日本の神々について書かれていたのですが、洞窟の中からアマテラスがどうやって出てきたかを分析している文章を読みました。皆さんご存知だと思いますけれども、スサノオが乱暴を働いて、天岩戸（洞窟ですね）の中に、アマテラスが引きこもってしまう。天照がどんなふうに洞窟から出てくるかといいますと、アメノウズメがダンスをして、周りでにぎやかな声が聞こえてくるわけですね。それで、何が起こっているんだろうと、アマテラスが洞窟のちょっとした隙間から外の世界を覗くと、すごく綺麗な女性の姿が見えます。ああ、こんなに美しい人がいるというので出てきたときに、外で待ち構えていた他の神々が、洞窟の入り口を塞いで洞窟に戻れなくしてしまうんです。

ところで、その美しいと思ったその姿は、実は鏡に映った自分の姿だったんです。だから、この話も非常に示唆に富んでいて、洞窟の中から出てくる時に、どこが鍵になるかといったら、本人が美しいというのか、存在して良かったというか、私にはこんなに心があって、生きていてもいいんだと、そういうふうに思えるというところが大切なのではないかと思います。

要するに、洞窟から外へ出ていく時には、その人自身が自分の姿を見て、あっと思えるかというところが大事なのだということです。だから、たとえば、第3章でお示しした方が、バウムを描きながら「あっ、自分はこんなに中途半端なんだ」と思って、（自分は）神経（を病んでいるの）かもしれないと思えたことが、結局、結果的には洞窟から自分で出て行かれるきっかけになっていったのではないかと思います。

バウムテストを単に心理テストとしてだけではなく、洞窟壁画における第二群のイメージとして位置付けることにより、その治療的な力をさらに引き出せるのではないかと最近は考えています。

# 附章2　バウムテスト第三版ドイツ語原著を翻訳して

## 1　「コッホ」との出会い（一）

筆者は「コッホ」と二度出会っている。最初の出会いは高校二年生の時であった。当時、ハーヴァード大学教授をしておられた広中平祐先生（「複素多様体の特異点に関する研究」で数学のノーベル賞といわれるフィールズ賞を受賞され、若手の育成にも力を入れておられた）が、全国の高校生五〇名ほどを招いて、年に一度一〇日間ほどのセミナーを開いておられた。数学の担任の先生にも勧められて応募したところ（審査はなぜか、数学ではなく作文だった）、私は運良く参加させてもらえることになり、その時にフラクタル幾何学のほんの触りだけ講義を受けた。その冒頭に示されたのが「コッホの曲線」（次ページ）で、これは私に強いインパクトを残した。（ちなみに、この「コッホ」はバウムテストのコッホとは別人である。念のため申し添えておく。）

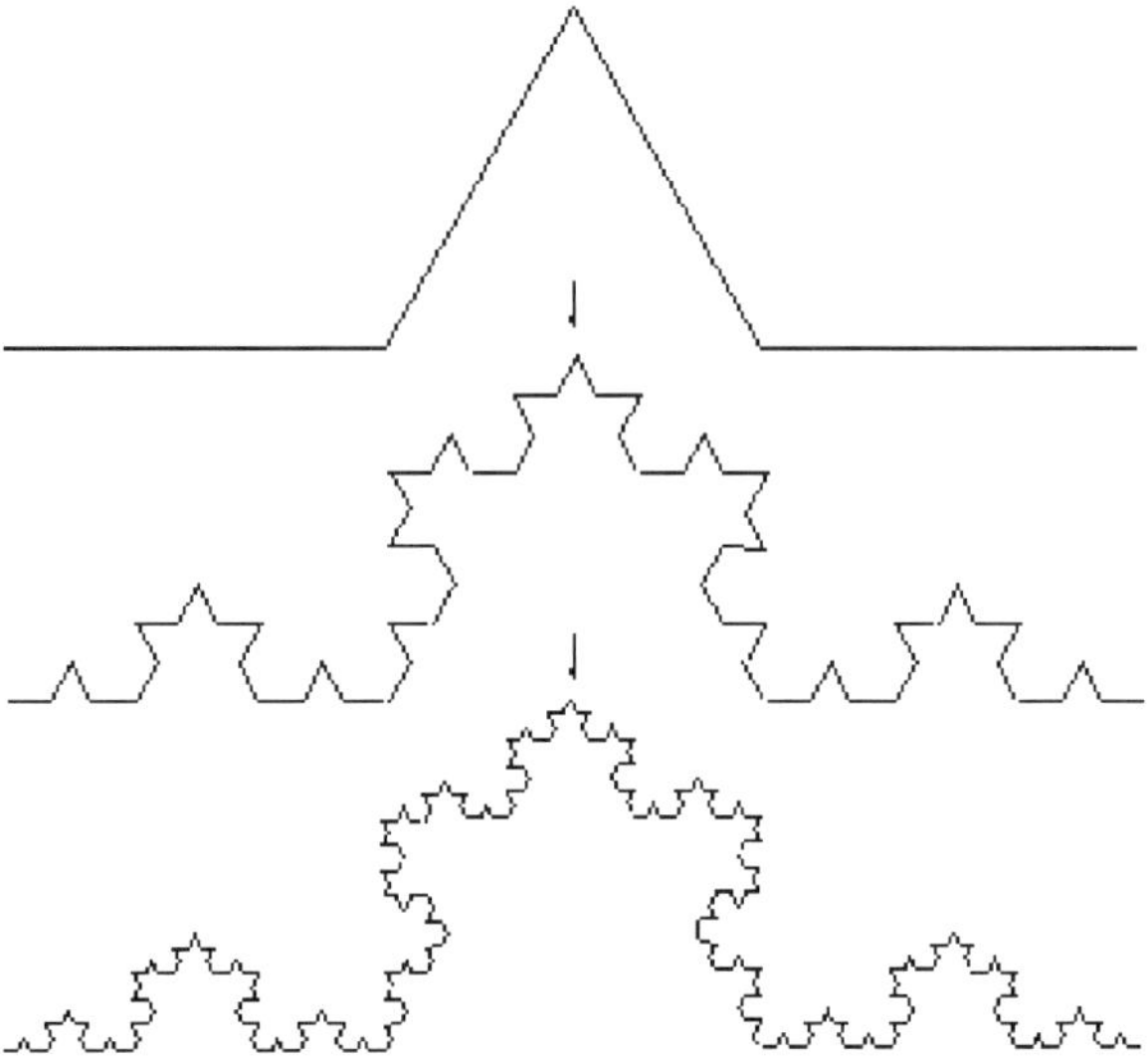

コッホの曲線とは、ある長さの直線を三等分して、真ん中の線分を切り取り、同じ長さの線分二本を、ちょうど切り抜かれた線分を底辺とする正三角形の斜辺二つと置き換えていくという操作を行い、その操作を各線分に無限に繰り返した時に収斂する形である。この図形は定義することはできるが細部まで描くことは決してできない、一種の理想形であること、至る所で微分不可能であるという特徴を持つことなどに関心を持ったが、さらに興味深かったのは、この曲線を測るにふさわしい次元をどう定義すればよいか、という視点であった。

というのも、この線分の最初の長さをaとすると、一回の操作で線分の長さは4/3・aになり、これを$n$回繰り返すと$(4/3)^n$・aとなる。$n \to \infty$とすると、長さも無限大になる。一方で面積はゼロである。

したがって、この図形の長さは無限大であり、面積はゼロとなる。つまり、この図形を測るのに一次元では足りず二次元では大きすぎるというわけである。ここでハウスドルフ次元を導入すると $\log_3 4 \fallingdotseq 1.26$ となり、うまく大きさが測れるようになる。そういったことを、広中先生は、高校生にも理解できるように図を使いながら説明された。もともと数学が好きだった私は、数学の世界にますます興味を持つようになった。そういった関心の中心に、「コッホ」という名前はあった。

## 2　「コッホ」との出会い（二）

それから二〇年ほど経って、再び「コッホ」に魅せられることとなった。といっても、二度目に出会った「コッホ」はバウムテストのカール・コッホであった。当時私は診療上のことなどでなかなか出口の見えないトンネルの中にいるかのように感じていた。そんなある日の午後、ある患者さんの面接がキャンセルとなり、一時間ほど時間が空いたので、医局の自分の机に戻って、しばらく茫然としていた。

ふと背後にある書棚に目をやると、京大の図書館でコピーしておいてあった、ドイツ語版の『バウムテスト第三版』（Koch, 1957）（自分で簡易製本しておいたものだったが）が目に入り、手にとってぱらぱらとめくってみた。何か予感がして、ドイツ語もほとんど読めないのに、同じく書棚にあったドイツ語の辞書を持ち出して、読み始めた。

冒頭の「木の文化史」の章から読むと挫折してしまいそうな気がしたので、概論の頁を開くと、原著二三ページの上から二行目に《Was bedeutet das?》（それは何を意味するのか）とあり、その二行下に Phänomenologisch betrachtet, muß die Antwort aus der Natur der Baumzeichnung selber entstehen.（現象学的に言えば、その答えはバウムの絵それ自身の本性から生じるものでなければならない。）と書かれていて、ここにはコッホの深い思想が表されていると直感した。

さらに読み進むと、「たとえば、円という形は、境界で囲われ、閉じていて、周囲から分離したもの、と自然に記述されるだろう」とある。これは山中（一九七六）の姿勢とまったく同じであることにすぐ気付いた。山中（一九七六）は「メビウスの木」について、「幹の上端が開放しているために、幹として引かれた線がそのまま枝に移行してしまい、幹の部分においては、内側に内空間を形成していた曲線が、そのまま上部では枝として外空間を形成してしまう」ようなバウムであると記述している。これは、「円」を、閉じている、周囲から分離している、と記述していくのと、まったく軌を一にしている。ここを土台として、山中は、さらに一歩踏み込んで解釈を行うのだが、コッホも同じように「自然な記述」を土台として解釈を深めているのではないかと思った。そして読み進めるうちにその予感が正しいことが明らかになっていった。

一九七〇年に出版された翻訳の『バウム・テスト』を読んでもさっぱりわからなかったのに、この二文を読んだだけで、霧がたちまちのうちに晴れるかのように、視界が開ける思いがした。これに引き続いて、「たくさんのバウムを静かに眺めていると、バウムとの心的距離が近くなる。次第に、その本質が感知されるようになる。……ともかく、こうして、構造が明確に見えるようになり、識別が可能となり、指標を弁別できるようになる。……当初はわからない部分をそのまま持ちつづけ、どう理解したらいいかという問いを、何日も、何週も、何か月も、何年も、見え方の成熟過程がある地点に達するまで、問い続けていると、秘密に関わる何かが自然と姿をあらわしてくる。それもしばしば、稲妻に打たれたかのように、ひらめいたり湧き出てくる……」というコッホの言葉には、深く心を動かされた。

筆者は自分自身の臨床実践の中で、バウムテストを行った時には、描かれたイメージをずっと胸に抱きながら面接を行うことを心掛けるようにしていた。描かれた絵を解釈するというよりもむしろ、イメージを温める、ということに筆者は重きを置いていたが、その重要性をコッホは十分に認識しているとわかり、とても勇気づけられる思いであった。ところがコッホのこのような考え方はそれまで紹介されていないように思われた。コッホの思想の核心部分がまったく紹介されていないのではないか、という疑念が大きくなっていった。

## 3 翻訳作業

コッホの基本姿勢に強く惹かれた私は、ほとんど一語一句と言っていいくらい辞書を引きながら原著を読み進めていったが、大袈裟にいえば、一文一文が発見といっていいほどであった。コッホのテキストを読み進めるうちに、もつれた私自身の思考の糸が解きほぐされていくかのように感じた。

コッホのテキストを読み進めると同時に、コッホの思想がどのようにわが国に紹介されていったかを調べ始めた。まず、テキストについては、いろいろと調べるうちに、一九七〇年に出版された翻訳は、英語版からの重訳で、英語版は誤訳が多い問題の書であることがすでにボーランダーによって指摘されている（ボーランダーは、英語圏でバウムテストが普及しなかったのはこの翻訳のためであると酷評しているほどである）ことを知った。また、英語版は、第三版のダイジェストと言われたり記載されたりすることがあったが、それは間違いで、英語版は初版の翻訳であることもわかった。いろいろ調べるうちに、コッホの深い思想がほとんどといっていいほど紹介されていない、との思いがますます強くなった。

さっそく初版、第二版、英語版などのテキストの入手を試みた。第二版と英語版は所蔵している図書館を突き止めて入手することができたが、初版のドイツ語版はしばらく入手できなかった。その後、中島ナオミ先生が早くから誤訳の問題や英語版の問題点を指摘しておられることがわかり、学会などで話し合ううちに、第三版の共訳をすることになった（と言っても、その時点で私の方はすでに下訳は完成しており、中島先生も発達の部分の翻訳をしておられたので、両者を突き合わせて訳文の調整をしたり、用語の確認をしたりした。統計表については中島先生が再計算をされ、すべての値を確認されるといった徹底ぶりで、研究者の姿勢を教えていただいた）。また、中島先生が所蔵しておられた貴重な初版ドイツ語版のコピーも送っていただいたのは非常にありがたいことであった。

コッホの一文と出会ってすぐに、翻訳作業に取り掛かった。入手した第一〇版をA4サイズに拡大コピーして、行間にもいろいろ書き込めるようにした上で、診療の合間のわずかな時間を見つけては、コツコツと訳していくということを続けた。下訳作業は約二年で一通り終わった。筆者にとって、翻訳作業は自己治癒の作業でもあった。というのも、思考がもつれて八方ふさがりと感じている時に、翻訳作業においては、自分の思考はいったん停止して著者の思考を後追いすることで、私自身の思考も整理されてくる感じがしたからである。この時期、並行していくつかの翻訳（エディンガー『心の解剖学』、コルベット・マクマキン『女性の目覚め』、ボスナック『ドリームワーク』、いずれも山愛美と共訳）を行っていた。翻訳は、著者に乗り移るかのような思いで行うのがよいと筆者は思っているが、誰に乗り移るかが問題で、これらの著者は私にとってよい導き手となった。

下訳を練り上げる必要があったが、この頃筆者は富山大学に移り、富山と京都で研究会を始めた。

富山では富山大学保健管理センター長の斎藤清二先生や富山県立総合病院の宮下貞和先生などのご協力をいただいて、特に概論部分についてディスカッションした。京都では山愛美先生と一緒に臨床バウム研究会を立ち上げて（特に、その初回の研究会には山中康裕先生にもお出ましいただいて）、こちらでも下訳を紹介しつつ議論を重ねた。また、山中先生の研究会でご一緒していた東京の先生方からも声がかかり、研究会を立ち上げたいとのお話をいただき、東京でも同様の研究会を行うことになった。これらの研究会を重ねる中で、訳文を検討するだけではなく、コッホが何を目指していたのか、コッホにとってバウムテストはどういうものであったのかが、徐々にではあるが、おぼろげながら明らかとなっていった。

## 4　コッホにとっての「心理診断」

テキスト解釈というのは、ともすると、読み手の主観に引きずられてしまうことが多い。コッホが何を考えていたかを解明するために、私自身の色眼鏡を外して、まずコッホ自身が何を考えていたかを説得力をもって示すことはできないか。そのためには、コッホの考え方の核になるようなキーワードを、一定の方法論に則って、コッホ自身の視点から明らかにする必要がある。そこで、井筒俊彦（Izutsu, 1959）の意味論的分析という方法論を援用することにした（岸本、二〇〇六a）。意味論的分析については第6章を参照されたい。

さて、意味論的分析という方法を用いて検討すべきキーワードとして選んだのは、「（心理）診断」という言葉であった。『バウムテスト第三版』の副題は「心理診断の補助手段としてのバウム画研究」（Der Baumzeichenversuch als psychodiagnostisches Hilfsmittel）となっており、コッホがバウム描画を「心理診断」の補助手段と位置づけていたことがわかる。しかし、この「心理診断」という言葉にコッホがどういう意味を込めていたかがわからなければ、コッホの考えを理解することはできない。

コッホを最初に紹介した邦訳者たちはこれを「人格診断」と訳している（Koch/林ら訳、1949/1970）が、はたしてコッホが意図した「心理診断」とは「人格診断」だったのだろうか。私にはそうではないという予感があった。そこでこの「心理診断」という言葉をキーワードとして選び、意味論的分析の手法を用いてコッホが考えていた「心理診断」の意味内容を明らかにしようと試みた（岸本、二〇〇六a）。これについては既に第6章で述べた通りである。

## 5　事例解釈

次に、流布していたコッホの邦訳版（Koch/林ら訳、1949/1970）を、事例解釈に焦点を当てて検討した。コッホが示している事例は、コッホがどのように事例を解釈していたかがわかる決定的に重要な個所の一つであるが、邦訳版ではまったくといっていいほど意味がわからない。実際にはコッホがどのようなことを言いたかったのかを、旧訳版と原著ドイツ語からの拙訳とを対比させながら検討した（岸本、二〇〇六b）。その一部を紹介すると、たとえば、事例Aの冒頭に

被験者は、いわゆる松科の木（T型の幹）を描いている。幹は頑丈で、移行線の上が太くなり、角をつくって一点に集まる。しかし、上端は開いており、したがって管状である。

とあるが、まず、松科の木がなぜT型なのかわからないし、T型でかつ「角をつくって一点に集まる」というのがどのような形かまったく想像できない。この事例の実際のバウムと照らしても、どこがT型で、どこが「角」なのか、よくわからない。実際に原著のドイツ語から訳してみると、以下のような内容であった。

被験者はいわゆるモミ型の幹（T-Stamm）を描いている。幹は力強く、だんだん太くなり、〔幹と樹冠の〕移行線を越えたところで甲状腺腫のようになって、それから先細りとなっているが、〔幹の〕先端は開いたままで、管状になっている。

T-Stammは「Tannnen Stamm（モミ型幹）」の略語であり、クリマスマスツリーのように根元から幹の先端まで伸びていくような形態の幹をさしている（「T型」と訳してしまったために、T字型のような印象与える。さらにこれに続くすぐ後の箇所では実際に「T字型」と訳されていて、よけいに混乱を招くことになった）。そして、根元から上に向かって「だんだん太くなり」、幹と樹冠の移行線あたりで甲状腺腫のようなふくらみを作った後で先細りとなるが、先端は開いたままになっている、と訳せば、幹の形態が記述されていることがよくわかる。このように、コッホはここで、幹の形態を丁寧に言葉で描写しているのである。このような作業こそ、「現象学的に言えば、その答えはバウムの絵それ自身の本性から生じるものでなければならない」という姿勢を基本に据えたバウム解釈の基礎となっていくのである。

もう一か所だけ検討しておこう。先の文章の続きの部分である。

> T字型の幹をかく人は、幹に象徴される内的素質、すなわち、本能や生命力を、冠部に花開かせるまでに発展させることはない。

ここで先に述べたように、「T字型」は完全な間違いである。「幹部に花開かせるまで発展させるこ

とはない」もなんとなくわかるような気もするが、何を意味しているのかわからない。ここは

モミ型幹の描き手は、幹に象徴化されている素質、衝動、生命力を、樹冠部において花束のような形には展開しない。

と訳すべきところであり、コッホが言いたいのは、モミ型幹の描き手が、幹を花束のような形に枝分かれさせる形で幹先端を処理するわけではない、といいたいのである。つまり、ここでも幹の形態がどのようになっているかを描写しているのであり、絵を丁寧に言葉にしていくというコッホの姿勢は一貫している。論文においては事例Aの林らの訳文を逐一検討して問題点を指摘し、本当はコッホがどのように事例を解釈しようとしていたのかを明らかにした。

## 6　指標アプローチと記述アプローチ

こうしてコッホのテキストを翻訳すると同時に、コッホが目指していたバウムテストとはどのようなものであったか、「心理診断」というキーワードや事例解釈の分析から明らかにしようと試みた。このような作業の中で、筆者には、指標アプローチと記述アプローチという二つのアプローチを統合

しようとしているコッホの姿が浮き彫りとなってきた（岸本、二〇一一）。

指標アプローチとは、指標を手掛かりにバウムテストを解釈しようとする方法で、コッホは、第三版の翻訳版の第5章「指標の理解」において、七六の指標を挙げ、五八指標については発達に伴う出現頻度を一覧表にまとめたものを巻末に添えている。

このように指標が列挙されているために指標にまず目が行くことになるが、そもそもどのように指標が抽出されてきたかということを考えると、筆者が最初に感銘を受けた概論の冒頭付近にある「たくさんのバウムを静かに眺めていると、バウムとの心的距離が近くなる。次第に、その本質が感知されるようになる。……ともかく、こうして、構造が明確に見えるようになり、識別が可能となり、指標を弁別できるようになる」という言葉に立ち戻る必要がある。

コッホが列挙した指標に飛びつくのではなく、まずバウムのイメージを自分の中で温めながら、細部が細かく見えるようになってくると指標が弁別されてくる。それをせずに指標に飛びつくことは、コッホが列挙した解釈の当てはめごっこに堕してしまう危険がある。指標の中でも重きを置いている早期型についても同じである。コッホは、臨床事例、発達調査に基づく統計的研究、催眠研究など多彩な角度から慎重に検討しているが、コッホがそういった多角的な検討を踏まえて指標の意味に迫ろうとしていたこととの重みを知っておかねばならない。

一方、記述アプローチについては、基本姿勢にもその重要性が強調されているし、コッホが示している事例解釈を見てもそれを出発点としていたことがわかる。筆者はこれらのコッホの記述を眺めるうちに、記述のレベルを区別するのがわかりやすいのではないかと考えるようになった（岸本、二〇一一）。

バウムを適切に解釈するためには、指標アプローチと記述アプローチ、この二つの方法を有機的に取り入れることが必要であるとコッホは考えていたと思う。ここで再び冒頭のコッホの曲線に戻ろう。コッホの曲線を計測する際、一次元では足りず（長さは無限大）、二次元には届かない（面積はゼロ）。バウムを図る次元として、指標アプローチと記述アプローチの関係もこれと似た側面がある。

すなわち、バウムの絵を言葉にしようとしても、それこそ無限の言葉を尽くしても絵そのものには届かないだろう。テキストファイルと画像ファイルのファイルサイズがケタ違いであることからも容易に推測される。一方、指標アプローチのみでは、バウムを立体的に構築することはやはり無理である。一線幹一線枝と言ってもそれがどのような描線で描かれているか、どのように枝が出ているかといった記述をしない限り、全体像はつかめない。コッホの曲線を測るために適切な次元を導入する必要がある（それがハウスドルフ次元であった）のと同じく、バウムを適切に解釈するためには、指標アプローチと記述アプローチの間に適切な次元を探し求めることが必要ではないかと思われる。

## 7　ユングの影響

以上、コッホのドイツ語原著『バウムテスト第三版』の翻訳を行いながら、筆者自身が関心を持って取り組んできたさまざまなテーマのいくつかについて紹介してみた。本稿では詳しく触れられなかったが、もう一つの大きな発見として、コッホが意外に深くユングの影響を受けていたのではないかということがあった。コッホの象徴理解の基礎にはユングの考え方がある。それは、コッホがエラノス年鑑からユングの論文を引用していることからも察せられるが、「象徴とは、ありのままを見せながら同時に隠すものである」とか、「象徴は、体型を示すと同時に隠す衣服のようなもの」で、象徴の「こういった性質は、象徴の向こう側の輝きを隠すために、そしてそれを開くために、まさに必要不可欠のものであり、そうして目が養われていくのである」というような観点は、ユングの考え方、特に、錬金術的思考法をよく取り入れた上での言葉ではないかと思う。

また冒頭の「木の文化史」の最後の部分で、ユングがグリム童話の「ガラス瓶の中の精霊」について論じている論考を長く引用している。ここにはコッホがバウムテストをどのようなものとして位置づけていたかがよく表れている。グリュンワルトをはじめとするいくつかの象徴図式の導入も相当深く考えて行われているが、ここにもユングの影響が見られる。ユングとコッホの関係については今まで言及されることが少なかったと思われるが、コッホのバウムテストを理解するためには、ユングの思想の理解が不可欠ではないかと思う。この点も今後さまざまな角度から検討すべき課題であろう。

# 文献

Bach, S. (1990) *Life Paints Its Own Span.* Daimon Verlag. 老松克博・角野善宏訳（一九九八）『生命はその生涯を描く』誠信書房

Bromberg, P. (2011) *The Shadow of the Tsunami.* Routledge. ブロンバーグ著、吾妻 壮・岸本寛史・山愛美訳（二〇一四）『関係するこころ』誠信書房

土居健郎（一九六九）「「見立て」について」精神医学、一一巻一二号、二―三頁

土居健郎（一九七七）『方法としての面接』医学書院［土居健郎（二〇〇〇）『土居健郎選集五　人間理解の方法』所収　岩波書店］

藤岡喜愛・吉川公雄（一九七一）「人類学的に見た、バウムによるイメージの表現」季刊人類学、二巻三号、三―二八頁

深田尚彦（一九五八）「幼児の樹木描画の発達的研究」心理学研究、二八巻五号、二八六―二八八頁

深田尚彦（一九五九）「学童の樹木描画の発達的研究」心理学研究、三〇巻二号、一〇七―一一一頁

古池若葉（二〇〇八）「幼児期の樹木画における感情表現の発達――五歳から六歳にかけての縦断データの検討」跡見学園女子大学文学部紀要、四一巻、一〇五―一二八頁

Gould, S. J.（1981・1996）*The Mismeasure of Man*. Revised and re-expanded, with a new introductions. Norton. グールド著、鈴木善次・森脇靖子訳（一九九八）『増補改訂版　人間の測り間違い』河出書房新社

Greenhalgh, T.（1998）Narrative based medicine in an evidence based world. In T. Greenhalgh & B. Hurwitz (Eds.) *Narrative Based Medicine*. BMJ Books. グリーンハル著、宮田靖志訳（二〇〇一）「根拠に基づく世界における物語に基づく医療」T・グリーンハル&B・ハーウィッツ編、斎藤清二・岸本寛史・山本和利監訳『ナラティブ・ベイスト・メディスン』所収、金剛出版

濱野清志・杉岡津岐子（二〇〇五）「樹木画と風土――自然植生と表現」山中康裕・皆藤　章・角野善宏編『バウムの心理臨床』所収、創元社

早川聞多（一九九五）「浮世絵春画の情念」編集代表　中西進『人類の創造へ：梅原猛との交点から――梅原猛古稀記念論文集』所収、中央公論社

一谷　彊・林　勝造・津田浩一（一九六八）「樹木画テストの研究――Koch の Baumtest における発達的検討」京都教育大学紀要 Ser. A. 三三巻、四七―六八頁

池上英洋（二〇一二）『西洋美術史入門』ちくまプリマー新書、筑摩書房

Ingold, T.（2007）*Lines: A Brief History*. Routledge. インゴルド著、工藤　晋訳（二〇一四）『ラインズ――線の文化史』左右社

Izutsu, T.（1959）*The Structure of the Ethical Terms in the Koran*. Keio University Press.

井筒俊彦（一九七二）『意味の構造』新泉社
井筒俊彦（一九七八）『神秘哲学　第二部　神秘主義のギリシア哲学的展開』人文書院〔井筒俊彦（二〇一三）『井筒俊彦全集第二巻　神秘哲学』所収、慶應義塾大学出版会〕
井筒俊彦（一九九二）『意味の構造』井筒俊彦著作集四、中央公論社〔これは井筒（一九七二）を収めたものだが、著作集に収めるにあたり、その間に著者自身が大きく展開させた「深層意味論」の成果を取り入れて、著者は序章から第四章までを書き改めている。〕
皆藤　章編著（二〇〇四）『風景構成法のときと語り』誠信書房
加藤美智子（二〇一〇）「バウムテストの実践――学生相談：〈私〉を受け取る助けとしてのバウム」臨床心理学、一〇巻五号、六九二―六九五頁
河合隼雄（一九九六）「日本文化における「見立て」と心理療法」精神療法、二二巻二号、一二五―一二七頁
岸川加奈子（二〇〇八）「バウムテストにみる現在と過去の五歳児比較」ヒューマンサイエンス、一一巻、三八一―四〇二頁
岸本寛史（一九九九）『癌と心理療法』誠信書房
岸本寛史（二〇〇二）「幹先端処理と境界脆弱症候群」心理臨床学研究、二〇巻一号、一―一一頁
岸本寛史（二〇〇四）『緩和のこころ』誠信書房
岸本寛史（二〇〇五ａ）「『バウムテスト第三版』におけるコッホの精神」山中康裕他編『バウムの心理臨床』所収、創元社

岸本寛史（二〇〇五ｂ）「生きることと描画」臨床描画研究、二〇巻、一一―二五頁

岸本寛史（二〇〇六ａ）「コッホにとっての「心理診断」」学園の臨床研究、五巻、二七―三六頁

岸本寛史（二〇〇六ｂ）「コッホの『バウムテスト』における事例の検討」ヘルメス心理療法研究、九巻、一三―二七頁

岸本寛史（二〇一一）「指標の意味と記述のレベル」臨床心理身体運動学研究、一三巻一号、一九―二九頁

岸本寛史（二〇一三）「ストーリーとしての風景構成法」岸本寛史・山　愛美編『臨床風景構成法』所収、誠信書房

岸本寛史（二〇一四）「バウムを通した臨床的対話」臨床描画研究、二九巻、二三―三一頁

岸本寛史編（二〇一一）『臨床バウム――治療的媒体としてのバウムテスト』誠信書房

岸本寛史・岸本幹史（二〇一二）「バウムテストの発達指標の時代的影響に関する研究――木の上部と下部に着目して」ヘルメス心理療法研究、一五巻、三一―四一頁

岸本寛史・中島登代子（二〇一二）「役者の心は開かれているか？」臨床心理身体運動学研究、一四巻一号、一九―二八頁

小林敏子（一九九〇）「バウムテストにみる加齢の研究――生理的加齢とアルツハイマー型痴呆にみられる樹木画の変化の検討」精神神経学雑誌、九二巻一号、二二―五八頁

Koch, K. (1949) *Der Baum-test.* Hans Huber.　C・コッホ著、林　勝造・国吉政一・一谷　彊訳（一九七〇）『バウム・テスト』日本文化科学社

Koch, K. (1954) *Der Baumtest.* Zweite Auflage. Hans Huber.〔序文の訳は二〇一〇年の訳本に所収〕
Koch, K. (1957) *Der Baumtest.* Dritte Auflage. Hans Huber. K・コッホ著、岸本寛史・中島ナオミ・宮崎忠男訳（二〇一〇）『バウムテスト第三版』誠信書房
国吉政一・小池清廉・津田舜甫・篠原大典（一九六二）「バウムテスト（Koch）の研究（一）――発達段階における児童（正常児と精薄児）の樹木画の変遷」児童精神医学とその近接領域、三巻四号、四七―五六頁
倉西　宏（二〇一一）「手足のしびれを訴える女子大生との面接過程」岸本寛史編『臨床バウム――治療的媒体としてのバウムテスト』所収、誠信書房
桑代智子（二〇〇五）「健常児のバウムテストにおける加齢に伴う変化」人間文化研究科年報、二一巻、一一七―一二七頁
Lewis-Williams, D. (2002) *The Mind in the Cave.* Thames & Hudson. 湊 千尋訳（二〇一二）『洞窟のなかの心』講談社
牧野信也（一九七二）「解説」井筒俊彦『意味の構造』所収、新泉社
水口公信（二〇〇二）『最後の樹木画』三輪書店
水野康弘・小野瀬雅也・篠竹利和ら（二〇〇二）「否認により不安、抑うつが顕在化しなかった子宮頸がん再発患者の一例」ターミナルケア、一二巻、三二八―三三二頁
村瀬嘉代子・斎藤ユリ（二〇一〇）「テストとしての木、表現としての木」臨床心理学、一〇巻五号、六五五

―六六一頁
長屋正男（一九九九）「児童の人格と社会的変遷（Ⅱ）――小学生のバウムテストからみた二四年間の変化」大阪市社会福祉研究、二二巻、六四―七四頁
中田義朗（一九八二）「バウムテストの基礎的研究（Ⅱ）」西宮市立教育研究所紀要、二一四号、三六―四七頁
中田義朗（一九八三）「バウムテストの基礎研究――児童の樹木画の発達指標の再検討」心理測定ジャーナル、一九巻一一号、一五―二〇頁
中島ナオミ（一九八三）「幼児のバウムテスト（第二報）」大阪府立公衆衛生研究所研究報告（精神衛生編）、二一巻、一三―二三頁
中島ナオミ（一九八四）「幼児のバウムテスト（第三報）――樹型分類と項目」大阪府立公衆衛生研究所研究報告（精神衛生編）、二二巻、二一―三二頁
中島ナオミ（一九八五）「Koch の原著 "Der Baumtest" とその英語版との比較対照による検討（第一報）」大阪府立公衆衛生研究所研究報告（精神衛生編）、二三巻、二七―四〇頁
中島ナオミ（一九八六）「日本におけるバウムテスト研究の問題点について」大阪精神衛生、三一巻、二二―三四頁
中島ナオミ（二〇〇二）「わが国におけるバウムテストの教示」臨床描画研究、一七巻、一七七―一八九頁
中島ナオミ（二〇〇五）「『バウム・テスト――樹木画による人格診断法』を読む際の留意点」日本描画テス

ト・描画療法学会第一五回大会抄録集、二九頁
中島ナオミ（二〇〇六）「『バウム・テスト――樹木画による人格診断法』の問題点」臨床描画研究、二一巻、一五一―一六八頁
中島ナオミ・塚口明・松本和雄・家常知子（一九八二）「幼児のバウムテスト――樹型分類を中心にして」大阪府立公衆衛生研究所研究報告（精神衛生編）、二〇巻、二九―四一頁
中村俊哉・福島章（一九八五）「青年期心性の心理測定学的研究（第三報）――投影法テストの分析」上智大学心理学年報、九巻、一七―三一頁
中沢新一（二〇〇八）『狩猟と編み籠』講談社
浪岡美保・奥山洌（二〇〇四）「小学生におけるバウムテスト調査の比較研究」北海道教育大学教育実践総合センター紀要、五巻、二三五―二四一頁
成田慶一（二〇一一）「急性期病棟におけるバウムというコミュニケーション」岸本寛史編『臨床バウム――治療的媒体としてのバウムテスト』所収、誠信書房
大辻隆夫・塩川真理・田中野枝（二〇〇三）「投影樹木画法における実の教示を巡るBuck法とKoch法の比較研究」京都女子大学児童学研究、三三巻、一九―二三頁
佐渡忠洋（二〇一一）「バウムテスト研究の可能性」岸本寛史編『臨床バウム――治療的媒体としてのバウムテスト』所収、誠信書房
佐渡忠洋（二〇一四a）「中学生のバウムの今と昔」心身臨床学研究会シンポジウム〈バウムの古今東西〉、

二〇一四年三月三〇日、京都
佐渡忠洋（二〇一四b）「バウム幹先端処理における〝ゆらぎ〟の構造」日本心理臨床学会第三三回大会発表論文集、二〇一四年八月二三―二六日
佐渡忠洋（二〇一五）『バウムテストの「ゆらぎ」の構造』名古屋大学博士論文
佐渡忠洋・別府 哲（二〇一一）「バウムテストの変法に関する一考察――バウムテスト文献レビュー（第四報）」岐阜大学教育学部研究報告（人文科学）、五九巻二号、一六九―一八二頁
佐渡忠洋・岸本寛史・山中康裕（二〇一三）「今昔の中学生のバウムテスト表現の検討」明治安田こころの健康財団研究助成論文集、四九巻、七七―八六頁
佐渡忠洋・松本加奈（二〇一三）「投影空間の特徴がバウム表現に与える影響――画用紙の向き（縦長vs横長）とサイズ（A4 vs B5）の検討から」日本臨床心理身体運動学会第一六回大会、九月七―八日
佐渡忠洋・坂本佳織・伊藤宗親（二〇一〇a）「日本におけるバウムテスト研究の変遷」岐阜大学カリキュラム開発研究、二八巻一号、一二―二〇頁
佐渡忠洋・坂本佳織・伊藤宗親（二〇一〇b）「日本におけるバウムテストの文献一覧（一九五八―二〇〇九年）」岐阜大学カリキュラム開発研究、二八巻一号、三三―五七頁
佐渡忠洋・鈴木 壯（二〇一四a）「バウムテストの幹先端処理について（一）――原則と諸問題」岐阜大学教育学部研究報告（人文科学）、六二巻二号、二一七―二二八頁

佐渡忠洋・鈴木　壮（二〇一四b）「バウムテストの幹先端処理について（二）――提唱以後の研究動向」岐阜大学教育学部研究報告（人文科学）、六二巻二号、二二九―二四二頁
佐渡忠洋・鈴木　壮・田中生雅・山本眞由美（二〇一二）「バウムの描画プロセスに関する研究――バウムはどこから描かれ、幹はどのように構成されるのか」臨床心理身体運動学研究、一五巻一号、五九―六八頁
斎藤清二（二〇〇五）「ナラティブ・ベイスト・メディスン（NBM）」日本醫事新報、四二四六号、二二―二七頁
坂本佳織・佐渡忠洋・岸本寛史（二〇一二）「バウムテスト研究におけるスポットライト分析」心理臨床学研究、三〇巻一号、四一―五〇頁
坂中尚也（二〇一四a）「カンボジア青年のバウムに関する基礎的研究――外傷との関連に注目して」臨床心理身体運動学研究、一六巻、一七―二五頁
坂中尚也（二〇一四b）「描画を研究素材とするときに留意すること」臨床心理学、増刊第六号、一二三―一二七頁
佐々木直美・柿木昇治（一九九八）「加齢にともなう心理・生理的機能の変容――バウムテスト、GHQ、要求水準課題および心臓血管系反応を指標として」心理学研究、六九巻三号、二二九―二三四頁
外林大作（一九五五）『性格の診断』牧書店
滝口俊子・原田雅子（一九八二）「発達診断としての幼児の描画――人物画、樹木画の検討」立教女学院短期大学紀要、一四巻、三七―四九頁

高橋雅春（一九七四）『描画テスト入門――ＨＴＰテスト』文教書院
高橋雅春・高橋依子（一九八六）『樹木画テスト』文教書院（一八刷以降は北大路書房）
谷口幸一（一九七九）『パーソナリティに関する一発達的研究――高年者のバウム・テストの分析および知的・情緒的変数との関連について』社会老年学、一一巻、三三一―四八頁
富田美穂（二〇一一）「糖尿病の血糖コントロールが不十分な患者の心理に関する研究――バウムテストの検討」臨床心理学、一一巻六号、八六〇―八六七頁
津田浩一（一九九二）『日本のバウムテスト――幼児・児童期を中心に』日本文化科学社
津田浩一（一九九四）「児童の人格と社会的変遷（Ｉ）――幼稚園児のバウムテストからみた二四年間の変化」小児の精神と神経、三四巻四号、一九五―二〇六頁
山　愛美（二〇一一）「バウムテストの根っこを探る――秘密は木の根に隠されている」岸本寛史編『臨床バウム――治療的媒体としてのバウムテスト』所収、誠信書房
山田英美・上野あゆみ（一九九四）「子どもの樹木画　Ｐａｒｔ１　形態発達の分析的研究」山梨大学教育学部附属教育実践研究指導センター研究紀要、二巻、一五一―一五九頁
山森路子（一九九八）「バゼドウ病患者の心理学的病態について」日本心理臨床学会第一七回大会発表論文集、五四六―五四七頁
山中康裕（一九七三）「双生児による基礎的研究」林　勝造・一谷　彊編『バウム・テストの臨床的研究』所収、日本文化科学社

山中康裕（一九七六）「精神分裂病におけるバウムテストの研究」心理測定ジャーナル、一二巻四号、一八―二三頁
山中康裕（一九八四）「箱庭療法と絵画療法」佐治・福島・越智編『ノイローゼ』所収、有斐閣
山中康裕・岸本寛史（二〇一一）『コッホの『バウムテスト第三版』を読む』創元社
山中康裕・中井　幹（一九七〇）「学童の精神医学的追跡調査と学校内力動――Baumtest（Koch）および人物画テストを中心に（心理編、第一報）」名古屋市立大学医学会雑誌、二一巻一号、七〇―八三頁
山下真理子（一九八一）「バウムテストにおける発達の研究」心理測定ジャーナル、一七巻一一号、二―六頁
山崎玲奈・中野裕子・山川裕樹・鳴岩伸生・飯野秀子（二〇〇二）「糖尿病患者への心理臨床的理解の試み（I）」日本心理臨床学会第二一回大会発表論文集、一三五頁
依田茂久（二〇〇七）「樹木画テストにおける近年の児童の発達状況の変化について――発達指標の経年的比較・検討」臨床描画研究、二二巻、一八七―二一〇頁
吉田　稔（二〇〇四）「Freudの言葉を考え直す」心理臨床学研究、二二巻四号、三五八―三六九頁

# あとがき

バウムテストは「実のなる木を描いてもらう」という簡単な方法だが、心理テストにとどまらない広がりと奥行を兼ね備えた、極めて臨床的な方法である。言葉と絵とは、本質的に異なる表現である。何千何万の言葉を重ねても伝えられないことが、一枚の絵で即座に伝わったりする。絵を見るだけではわからないことが、言葉によって見えてきたりする。二つの交通手段があり、それぞれに利点も短所もあるとすれば、両者をうまく組み合わせて往来する方がスムーズであろう。一方のみに固執する必要はない。心理療法も同じである。クライエントや患者とやり取りをする時に、言葉だけでなく絵を治療的媒体にすると、やり取りに深さが増すだけでなく、コミュニケーションの質が変わるということもしばしば経験した。言葉だけにこだわる理由はないのである。

しかし一方で、クライエントや患者を無用に傷つけるような無責任な用いられ方がなされる懸念もある。本文ではコッホが「変質兆候」という指標について異を唱えていることに触れたが、同様のことは今なお繰り返されている。たとえば、「幹先端処理の重要性」というある論考の中で、幹先端の分化の一形態として「キセル型」というタイプが抽出され、「幹と樹冠内の枝が〝中抜き〟されていることとから、キセル乗車のイメージを借りてそう名付けた」（強調は筆者）と説明されている。しかし、中抜きの枝を描く描き手を「キセル型」と呼ぶことは、描き手を侮辱していることにならないだろうか。このような命名は安易に用いるべきものではない。この論考の中では、ほかにも、「チラリズム」「コスプレ」といった言葉が使われていて、描き手に不快を与えかねず、被験者を尊重するという姿勢に欠ける。筆者はこのグループの発表をある学会で聞き、上記の意見を直接伝えたところ「無賃乗車のキセルではなく、パイプのキセルをイメージしていた」との返事をもらった。それでも描き手が「キセル」と呼ばれることには、身に覚えのない濡れ衣を着せる可能性があり、この用語は使うべきではないと思うと述べた。ところが「キセル型」はそのまま採用され、しかも、（彼らは質疑応答の際には否定したにもかかわらず）論文中で「無賃乗車」のイメージが背後にあることが明記されていて、憤りを感じた。描き手の心の痛みを忘れてしまっては、テストを行う意味がない。

もう一つ、ある心理士から最近伺った話だが、ある施設に着任した際、バウムテストの使用を禁じられて戸惑ったという。クライエントやその家族から苦情が続いたということがその理由だったようだが、その心理士は、そのような使い方はしないと施設長に直談判し、使用の許可を得てバウムテストの実践を積み重ね、もちろん、クライエントや家族からの苦情などなく、最近では施設内のケースカンファレンスでバウムを供覧してディスカッションもできるようになったとのことである。

バウムテストに限らず、心理テスト全般にいえることだと思うが、使い方次第で、治療的媒体として用いることも、差別の道具に成り下がってしまうこともあり得る。知能テストも、創始者ビネーの「遺伝決定論の解釈に異議を申し立て、特別の配慮を必要とする子どもたちを確定するための道具としてテストを利用したい」という真意が汲み取られないまま、ランク付けの道具として使われることになった。あるいは人種差別の論拠として、あるいは戦時における移民排斥の道具として、あるいは生物学的先祖帰りによる犯罪行為の証拠として。この辺りの事情は『ダーウィン以来』、『パンダの親指』、『ワンダフル・ライフ』などの著書で広範な読者を獲得した古生物学者スティーブン・ジェイ・グールドの『人間の測り間違い』（河出書房新社、一九八九年）に詳しい。バウムテストを行うにあたっては、同じ轍を踏まぬように細心の注意と配慮を心がけたい。

これらの点を踏まえ、本書では、バウムテストに潜む治療促進的な力が存分に発揮されるようにと願って、筆者が大切にしている考え方、姿勢を述べたつもりである。治療的媒体としてバウムテストの真価を引き出すためには、逆説的だがバウムテストのテスト的側面に精通することも不可欠だと思うので、指標アプローチや研究法にまつわる問題点についてもある程度詳しく述べた。バウムテストがわが国に導入されて五十年以上経ち、多くの研究もなされてきたが、臨床の土台となるような知見を提供できる研究はごくわずかにとどまる。本書でも触れたが、指標アプローチを行うにしても、その標準となるべきデータすら持ち合わせていないというのが現状である。臨床実践を重ねていくと同時に、基礎的な研究も積み重ねていくことが必要である。

本論とは別に、バウムテストと洞窟壁画との類比について論じた岐阜県臨床心理士会での講演録（「私が臨床で大切にしてきたこと、これから大切にしたいこと」岐阜県臨床心理士会報、17号、二〇一二年、16-32頁）、コッホのテキストの翻訳の背景について記した「バウムテスト第三版ドイツ語原著を翻訳して」（初出：山中康裕編『心理臨床の拡がりと深まり』遠見書房、二〇一二年、所収）を附章として添えた。前者は本論とは異なる切り口からバウムテストの意義について述べたもので、『臨床バウム』所収の拙論と重なる部分も多いが、新たな視点も盛り込んである。後者のタイトルは山中先生からいただいたもので、それを機会に、筆者自身のバウムテストへの取り組みを振り返ることができた。同時に、コッホつながりで、ハウスドルフ次元という観点から指標アプローチと記述アプローチの関係について論じている。本書と併せて、コッホのバウムテスト観については山中康裕との共著『コッホの『バウムテスト［第三版］』を読む』（創元社）を、臨床の実際については筆者編の『臨床バウム』（誠信書房）を、「自己-状態」論についてはブロンバーグ著『関係するこころ』（誠信書房）を精読されることを勧めたい。

なお、本書第6章は科学研究費（基盤研究C（2）：課題番号17530504）による研究成果の一部をまとめたものである（初出：富山大学紀要・学園の臨床研究、5巻、二〇〇六年、27-36頁）。木の象徴性の問題、コッホとユングの関係、バウムテストの基礎としての筆跡学といったテーマについては、本書では取り上げることができなかった。今後の課題としたい。

筆者のバウムテストへの取り組みは、多くの恩師や仲間に支えられてきた。バウムテストの世界への扉を開き、今日まで導いていただいた山中康裕先生（京都大学名誉教授、京都ヘルメス研究所長）、東京バウム研究会、山愛美先生をはじめとする心身臨床学研究会の皆様にお礼申し上げる。常葉大学の佐渡忠洋先生には、草稿に目を通していただいて貴重な意見をいただいた。日本でバウムテストに最初に言及したのが、外林大作（『性格の診断』（一九五五年）の「人物画」の節）であると教えてくれたのも彼である。本書の出版に際しては、誠信書房の児島雅弘氏に大変お世話になった。感謝申し上げる。本書が、そのタイトルのごとく、バウムテストを臨床に活かすための入門書となれば幸いである。

平成二七年五月四日

岸本寛史

# 人名索引

## ナ　行



## ハ　行



## マ　行



## ヤ　行



## ラ　行

# 事項索引

## ア 行



## カ 行

## サ　行



## タ　行



## ナ　行

## ハ　行



## マ　行



## ヤ　行



## ラ　行



## ワ　行

## 著者紹介

岸本寛史（きしもと のりふみ）

1966 年　鳥取市に生まれる
1991 年　京都大学医学部卒業
2004 年　富山大学保健管理センター助教授
2007 年　京都大学医学部附属病院准教授
現　在　静岡県立総合病院副院長
著訳書
『がんと心理療法のこころみ』『迷走する緩和ケア』『せん妄の緩和ケア』『緩和のこころ』『ニューロサイコアナリシスへの招待』（編著）『臨床バウム』（編）『臨床風景構成法』（共編）コッホ『バウムテスト［第 3 版］』（共訳）ブロンバーグ『関係するこころ』（共訳）誠信書房，『コッホの『バウムテスト第三版』を読む』（共著）『いたみを抱えた人の話を聞く』（共著）創元社，ほか

バウムテスト入門《にゅうもん》——臨床《りんしょう》に活《い》かす「木《き》の絵《え》」の読《よ》み方《かた》

2015年 7 月10日　第 1 刷発行
2025年 2 月10日　第 4 刷発行

著　者　岸　本　寛　史
発行者　柴　田　敏　樹
印刷者　田　中　雅　博

発行所　株式会社　誠　信　書　房
〒112-0012　東京都文京区大塚3-20-6
電話 03(3946)5666
https://www.seishinshobo.co.jp/


印刷／製本　創栄図書印刷㈱

ISBN978-4-414-40376-3 C3011　　Printed in Japan